《经典诵读三百篇》编委会

主　　任：邵　宜

副 主 任：莫海斌　蔡　丽

委　　员（按姓氏音序排列）：

常芳清　戴　薇　李卫涛　刘玉红　卢　艳

马绍琅　孙　英　田　蔚

示范朗读（按姓氏音序排列）：

戴　薇　郜　楠　李卫涛　陆圆圆　邵　宜

田　蔚　田欣儿　王涤非　王　玥

华文教育专业规划教材

经典诵读

三百篇

（第三册）

总主编 邵宜
副总主编 蔡丽
分册主编 常芳清

编写人员（按姓氏音序排列）：
蔡丽 常芳清 戴薇 李卫涛
刘玉红 邵宜 孙英 田蔚

暨南大学出版社
JINAN UNIVERSITY PRESS

中国·广州

图书在版编目（CIP）数据

经典诵读三百篇．第三册/邵宜总主编；蔡丽副总主编．—广州：暨南大学出版社，2021.3
华文教育专业规划教材
ISBN 978-7-5668-3023-4

Ⅰ.①经… Ⅱ.①邵…②蔡… Ⅲ.①中华文化—华文教育—教材 Ⅳ.①K203

中国版本图书馆CIP数据核字（2020）第217200号

经典诵读三百篇（第三册）
JINGDIAN SONGDU SANBAI PIAN（DISANCE）
总主编：邵　宜　副总主编：蔡　丽

………………………………………………………………………………………………

出 版 人：张晋升
策划编辑：杜小陆
责任编辑：陈俞潼
责任校对：黄文科　黄晓佳
责任印制：周一丹　郑玉婷

出版发行：暨南大学出版社（510630）
电　　话：总编室（8620）85221601
营销部（8620）85225284　85228291　85228292　85226712
传　　真：（8620）85221583（办公室）　85223774（营销部）
网　　址：http://www.jnupress.com
排　　版：广州良弓广告有限公司
印　　刷：广州市穗彩印务有限公司
开　　本：850mm×1168mm　1/16
印　　张：11
字　　数：285千
版　　次：2021年3月第1版
印　　次：2021年3月第1次
定　　价：39.80元

编写说明

为适应海外华文教育发展的需要，暨南大学于2005年在国内首开华文教育专业。该专业致力于培养具备华文教育的基本知识和专业技能，具有较强的汉语应用能力，熟悉中国文化，能从事华文教育、学校教学管理、汉语应用等方面工作的应用型人才。

“朔南暨，声教讫于四海。”华文教育专业的学生既是以汉语为第二语言的学习者，又是以汉语为教学语言的准教育工作者，他们对中华经典的学习能力不同于汉语母语者，而对中华经典的理解和掌握要求又高于普通的留学生。我们希望华文教育专业的毕业生能够承担海外华校各类日常教学工作，能够把中华优秀传统文化带到五湖四海。因此，我们在华文教育专业人才培养方案中设置了“经典诵读”这门课，该课程为实践训练类课程，通过连续六个学期每日早读的形式开展，旨在引导并要求本专业学生能够诵读中国文学和文化经典。本丛书正是暨南大学华文学院华文教育系面向华文教育专业“经典诵读”课程专门编写的。

本丛书共6册，每册编选50篇，总称“经典诵读三百篇”。选篇首先考虑满足华文教育专业教学实际需要，适合华文教育专业学生（含全日制、境外兼读制）诵读中华经典的需求，同时也可供海外有志于从事华文教育工作者修读研习。每册各设置基础篇（20篇）、巩固篇（20篇）、提高篇（10篇）三部分，以满足华文教育专业同一年级学生不同汉语水平的需要。

本丛书各册选篇均以背诵为主，兼顾朗读。“操千曲而后晓声，观千剑而后识器”，唯有通过大量的背诵和朗读，才能在训练汉语语音、语调的同时，积累诗词曲赋，提升中华文学素养，进而逐步深化对中华文化的认识。背诵的篇目以韵文为主，包括儿歌、古诗词、短小的古文篇什等；朗读的篇目则主要包括较长的古诗、古文名篇以及现代诗歌、散文名篇等。其中，各册基础篇以适合背诵的篇目为主，选目多为绝句、儿歌、韵文、律诗；巩固篇是以背诵为主、朗诵为辅，选目多为律诗、古体诗、词、现代诗、现代散文等；提高篇是以朗诵为主、背诵为辅（主要是名段背诵），选目多为传统文化典籍、古代散文、现代文名篇的选文等。

本丛书选篇的主要原则如下：其一，注重中华文化传播的任务。突出正面引导，注重美好道德，强调现代意义。优选脍炙人口的名家名篇，注意古今搭配，注意题材、体裁、风格、朝代及作者的适度分布。其二，充分考虑学生的汉语水平、文化理解与接受能力。纵向来看，

1 ~6 册学习难度逐渐提升；横向而言，一册之内基础篇、巩固篇、提高篇难度也有所区别。其三，联系学习实际，注重海外华文教学对中华经典的需求。考虑该专业学生今后教学工作的需要以及主要教学群体的特点，除编选经典诗词、散文外，适当收入代表性儿歌、童谣、经典蒙学作品、儒家经典等。

本丛书注重学生的自主阅读能力培养。为了尽快培养学生良好的中文阅读习惯与能力，除在第一册基础篇的正文部分全部标写拼音之外，其余各处只为超纲词、易读错的多音字词标注拼音。在诵读的文本正文之后，为帮助学生理解和自主阅读，设置有“词语解释”“古诗（古词、古文）今译”“作者简介”“作品赏析”“经典名句”“诵读指引”等环节。这些环节讲求言简意赅，生动形象，突出重点。

本丛书尝试探索互动参与式教材编写机制，全部配图均选自在试用阶段面向使用者征集的作品，由教材编写团队挑选最能体现文意的作品作为教材出版时的配图，风格多元，以不同角度呈现作品的意境，同时，动态征集与作品配套的音频与视频作品，使教材同时成为使用者的展示平台，促进使用者与编写者的互动交流，促使使用者深度融入教材及作品，有利于教学效果的最大化实现。

“腹有诗书气自华”，通过三年的逐步积累，让华文教育专业学生对 300 篇中华文化经典了然于胸。我们希望使用本丛书的学习者能够在对中华经典的诵读过程中，谛听来自古人的智慧，愉悦自己的身心；期待诵读经典的学生能把中华文化和所在国文化融合起来，为促进中外文化交流、构建美好的人类命运共同体贡献自己的一份力量。

《经典诵读三百篇》编委会

2020 年 2 月

目录

经典诵读（第三册）

基础篇

巩固篇

提高篇

基础篇

十二生肖(xiào)歌

J－1

小老鼠，打头来，

牛把蹄(tí)[1]儿抬，

老虎回头一声吼，

兔儿跳得快，

兔儿跳得快。

龙和蛇，尾巴甩(shuǎi)[2]，

马羊步儿迈，

小猴机灵蹦(bèng)又跳，

鸡唱天下白[3]，

鸡唱天下白。

狗儿跳，猪儿叫，

老鼠又跟来，

十二生肖转(zhuàn)圈(quān)跑，

请把顺序排，

请把顺序排。

（绘图：2018 级泰国学生　赵舒畅）

词语解释

[1] 蹄：牛、马等牲畜趾端的角质保护物，也指有蹄的脚。马不停～。
[2] 甩：挥动。～胳膊。～辫子。袖子一～就走了。
[3] 天下白：天亮了。

作品赏析

这首儿歌通过不同动物的不同动作特点或外形特征，形象地表现了十二种动物的形态和顺序，不仅在声音上押韵，而且在画面上充满了动感。

十二生肖，又称属相，是中国古代民间盛传至今的著名传统文化，与十二地支相配以人出生年份的十二种动物，分别包含：鼠、牛、虎、兔、龙、蛇、马、羊、猴、鸡、狗、猪。十二生肖的起源与动物崇拜有关。

诵读指引

这首儿歌语调轻快，在诵读时要注意节奏的变化，其中，句尾“来、抬、快、甩、迈、白、来、排”这几个字押韵，可适当重读，读出节奏感、跳跃感、音律美。儿歌可以分成三个部分，每个部分的节奏规律一致，为×××，×××，×××××，×××××××，×××××，×××××。诵读时形成节奏韵律上的回环往复感。可读为：

十二生肖歌

小老鼠，打头来，牛把蹄儿/抬，老虎回头/一声吼，兔儿跳得/快，兔儿跳得/快。
龙和蛇，尾巴甩，马羊步儿/迈，小猴机灵/蹦又跳，鸡唱天下/白，鸡唱天下/白。
狗儿跳，猪儿叫，老鼠又跟/来，十二生肖/转圈跑，请把顺序/排，请把顺序/排。

《增广贤(xián)文》节选

J-2

（绘图：2018级老挝学生 宋美珠）

昔时贤文，诲(huì)[1]汝谆谆(zhūn zhūn)[2]。

集韵增广，多见多闻。

观今宜鉴(jiàn)[3]古，无古不成今。

知己知彼(bǐ)[4]，将心比心。

酒逢知己饮，诗向会人吟。

相识满天下，知心能几人？

相逢好似初相识，到老终无怨恨心。

近水知鱼性，近山识鸟音。

易涨易退山溪水，易反易覆（fù）[5]小人心。

运去金成铁，时来铁似金。

读书须用意，一字值千金。

有意栽花花不发，无心插柳柳成荫。

画虎画皮难画骨，知人知面不知心。

词语解释

[1] 诲：教导；诱导。教～。～人不倦。

[2] 谆谆：形容恳切教导。～告诫。～嘱咐。

[3] 鉴：仔细看；审察。～别。～定。

[4] 彼：人称代词。对方；他。～退我进。

[5] 覆：底朝上翻过来；歪倒。颠～。

古文今译

用过去充满智慧的名言，来恳切教导你。

广泛搜集押韵的文字汇编成“增广”，使你见多识广。

了解历史才能明白今天，没有古代的发展就没有今天。

知道自己，了解别人，为人着想，体谅别人感受。

酒要约了解自己的人一起喝，诗要向懂诗的人去说。

认识的人很多，可彼此知心的没有几个。

人和人交往保持像刚认识一样，这样到老也不会互相怨恨。

离水近能知道鱼的情况，常在山里能分辨各种鸟的声音。

山溪水随着季节常涨常退，小人反复无常、变化不定。

运气不好时金子可能变成铁，运气到来时铁也可能变成金子。

读书只有下苦功夫，才能写出语言精美的文章。

想办的事情费尽心机也办不到，有些事却意外地办成了。

看到人的表面比较容易，了解人的内心却非常困难。

作品赏析

《增广贤文》，又名《昔时贤文》《古今贤文》，是中国明代时期编写的儿童启蒙书目。《增广贤文》集结了中国从古到今的各种格言、谚语，经过明、清两代文人的不断增补，形成了现在这个版本。关于这本书的原作者，一直未见任何书有记载，只知道清代同治年间儒生周希陶进行过重订。

《增广贤文》的内容大致有这样几个方面：一是谈人及人际关系，二是谈命运，三是谈如何处世，四是表达对读书的看法。其中绝大多数句子都来自有名的书籍，其思想观念都直接或间接地来自儒道经典，从广义上来说，它是雅俗共赏的“经”的普及本，其思想观念和人生智慧无须讲解也能读懂，其内容广泛，从礼仪道德、典章制度到风物典故、天文地理，几乎无所不含。

经典名句

观今宜鉴古，无古不成今。

知己知彼，将心比心。

近水知鱼性，近山识鸟音。

有意栽花花不发，无心插柳柳成荫。

诵读指引

诵读时开头是整体介绍，语气可以比较平缓，读准字音。后面都是一些有韵的谚语、俗语和文献佳句，需要准确理解并合理停顿，读出押韵和轻重音。

《增广贤文》节选

昔时/贤文，诲汝/谆谆。集韵/增广，多见/多闻。观今/宜鉴古，无古/不成今。

知己/知彼，将心/比心。酒逢/知己/饮，诗向/会人/吟。相识/满天下，知心/能几人？相逢/好似/初相识，到老/终无/怨恨心。近水/知鱼性，近山/识鸟音。易涨/易退/山溪水，易反/易覆/小人心。运去/金/成铁，时来/铁/似金。读书/须/用意，一字/值/千金。有意/栽花/花不发，无心/插柳/柳成荫。画虎/画皮/难画骨，知人/知面/不知心。

《弟子规》选段

J－3

yù
（清）李毓秀

tì
出则弟

gōng　mù
兄道友[1]，弟道恭[2]，兄弟睦[3]，孝在中[4]。

fèn　mǐn
财物轻，怨何生，言语忍，忿[5]自泯[6]。

zhǎng
或饮食，或坐走，长者先，幼者后。

zhǎng
长呼[7]人，即代叫[8]，人不在，己即到。

zhǎng　wù　zhǎng　xiàn
称尊长，勿呼名[9]，对尊长，勿见能[10]。

zhǎng　yī　zhǎng
路遇长，疾趋[11]揖[12]，长无言，退恭[13]立。

chéng
骑下马，乘[14]下车，过[15]犹[16]待[17]，百步余。

zhǎng　zhǎng
长者立，幼勿坐，长者坐，命乃[18]坐。

zhǎng
尊长前，声要低，低不闻，却非宜。

进必趋[19]，退必迟，问起对，视勿移。

zhū
事诸父[20]，如事父，事诸兄[21]，如事兄。

（绘图：2018 级泰国学生　赵舒畅）

词语解释

［1］友：友爱。
［2］恭：恭敬。
［3］睦：和睦。
［4］在中：体现在其中。
［5］忿：愤怒，怨恨。
［6］泯：泯灭，消失。
［7］呼：呼喊，呼唤。
［8］代叫：代为呼唤。
［9］呼名：直呼姓名。
［10］见能：炫耀自己的才能。见，同“现”。
［11］疾趋：快步走上前。
［12］揖：作揖，古时的一种拱手礼。
［13］恭：恭敬地。
［14］乘：乘坐在车中。
［15］过：长辈走过去。
［16］犹：还，还要。
［17］待：等待。这里指在原地稍等片刻。

［18］乃：才能。
［19］趋：快走。
［20］诸父：伯父叔父。
［21］诸兄：堂兄堂弟。

古文今译

做兄长的要爱护弟弟，而弟弟也要恭敬哥哥，兄弟之间和睦相处也是对父母的一种孝敬。

兄弟之间将感情看重些而将钱财看轻些，彼此之间才不会生出怨恨；能在言语上互相包容谦让，那么即使有些矛盾也就自然地消失了。

无论是吃饭还是走路，一定要让年纪大的人为先，做到长幼有序。

长辈叫人的时候，你要代为呼叫，如果这人不在，你也要上前去询问长辈是否有什么事需要交代，自己如果能做得来就去做。

称呼长辈不能叫名字，在长辈面前不应该炫耀自己的才能。

路上遇到长辈要向前问好，长辈没说话也要恭敬地退后，站在一旁。

不论在骑马还是坐车，遇到长辈都要下来，等长辈走远了，约百步之后，才能继续走。

长辈站着的时候小辈不能坐着，长辈让你坐下的时候你再坐下。

尊长面前说话要小声一些，但是声音小到听不清也是不对的。

向前跟长辈说话的时候动作要快一点，而离开要慢慢退去；跟长辈说话的时候眼睛要专注，不能东张西望。

对待叔父伯父要像对待自己的父亲一样，对待堂兄堂弟也要像对待自己的亲兄弟一样。

作者简介

李毓秀

字、号：字子潜，号采三

籍贯：绛州（今山西新绛）

生卒年：1647—1729

身份：清代学者、教育家

代表作：《弟子规》等蒙学书籍

作品赏析

《弟子规》是一部蒙学经典。所谓“弟子”，是指要做圣贤弟子，而“规”是“夫”“见”二字的合体，意思是大丈夫的见识。“弟子规”意思是要学习圣贤经典，做圣贤弟子，成为大丈夫。

《弟子规》全文总计360句，1 080字，用通俗的文字、三字韵的形式阐述了学习的重要性、做人的道理以及待人接物的礼仪常识等，内容涉及生活起居、仪表举止、道德品性、处世之道等。全书以《论语》中“弟子入则孝，出则弟，谨而信，泛爱众，而亲仁。行有余力，则以学文”一节为总纲，在总叙“弟子规，圣人训：首孝弟，次谨信，泛爱众，而亲仁，有余力，则学文”中指出了七个方面的内容，即孝、弟（悌）、谨、信、爱众、亲仁、学文，分别选自《论语》《孟子》《礼记》《孝经》和朱熹语录，其中前六项属于德育修养，最后一项属于智育修养。《弟子规》文笔自然流畅、朴实无华，是教育子弟远邪小、走正道，养成忠厚家风的必备读物，影响深远，在中国传统文化中占有重要地位。

本篇节选内容为《弟子规》“出则弟”。

经典名句

兄道友，弟道恭，兄弟睦，孝在中。

诵读指引

《弟子规》是儿童启蒙读物，全部是三字一句，节奏比较统一，各句均可采用二一式节奏。

《弟子规》选段

出则弟

兄道/友，弟道/恭，兄弟/睦，孝在/中。财物/轻，怨何/生，言语/忍，忿自/泯。或饮/食，或坐/走，长者/先，幼者/后。长呼/人，即代/叫，人不/在，己即/到。称尊/长，勿呼/名，对尊/长，勿见/能。路遇/长，疾趋/揖，长无/言，退恭/立。骑下/马，乘下/车，过犹/待，百步/余。长者/立，幼勿/坐，长者/坐，命乃/坐。尊长/前，声要/低，低不/闻，却非/宜。进必/趋，退必/迟，问起/对，视勿/移。事诸/父，如事/父，事诸/兄，如事/兄。

《声律启蒙》选段

J－4

（清）车万育

《一东》节选第三段

sè　　　　　　　　　　　　　pó　　　　　　hào
贫对富，塞对通，野叟对溪童。鬓皤[1]对眉绿，齿皓[2]对唇红。天浩浩，日融融，佩剑对弯弓。半溪流水绿，千树落花红。野渡燕穿杨柳雨，芳池鱼戏芰[3]荷风。女子眉纤，额下现一弯新月；男儿气壮，胸中吐万丈长虹。
　　　　　　　　　　　　　　　　jì
xiān

（绘图：2018 级老挝学生　宋美珠）

词语解释

［1］皤：白色。
［2］皓：洁白，明亮。
［3］芰：菱角的古代称呼。

古文今译

贫穷和富有相对，阻塞和畅通相对，山林老翁和溪边幼童相对。鬓间白发和乌黑眉毛相对，洁白的牙齿和鲜艳的红唇相对。天空广阔无边，日光和煦(xù)温暖，佩剑和弯弓相对。浅浅的溪水清澈碧绿，千树的丛林落英缤纷。乡村渡口，杨柳新绿，燕子穿飞在柔软纤细的枝条中，犹如在雨中翻飞；绿色的池塘里，清秀的荷花随风舞动，鱼儿欢快地在荷叶、菱叶下游来游去。女子蛾眉纤细，额下似挂着一弯新月；男儿心胸宽广，胸中充满凌云壮志。

作者简介

车万育

字、号：字双亭，号鹤田

籍贯：湖南邵阳

生卒年：1632—1705

身份：清代朝廷军事顾问、书法家、收藏家

代表作：《声律启蒙》

作品赏析

诗词和对联是中国古代重要的文学形式，两千多年来一直薪火相传，至今仍具有强大的生命力。在古代，自私塾的幼童起就开始这种文学修养的训练，对声调、音律、格律等都有严格的要求。因此，一些声律方面的著作也应运而生，而清朝康熙年间车万育所作的《声律启蒙》，就是其中较有代表性的一种。

《声律启蒙》是训练儿童应对、掌握声韵格律的启蒙读物，按韵分编，包罗天文、地理、花木、鸟兽、人物、器物等的虚实应对。从单字对到双字对、三字对、五字对、七字对，再到十一字对，声韵协调，朗朗上口，学习者可从中得到语音、词汇、修辞的训练。从单字到多字的层层属对，读起来如唱歌一般，较其他全用三言、四言句式更见韵味。这类读物在启蒙读物中独具一格，经久不衰。明清以来，如《训蒙骈句》《笠翁对韵》等书，都是采用这种方式编写，并得以广泛流传。

经典名句

女子眉纤，额下现一弯新月；男儿气壮，胸中吐万丈长虹。

诵读指引

《声律启蒙》是训练儿童应对、掌握声韵格律的启蒙读物。本篇节选内容是从单字对到双字对、三字对、五字对、七字对，读起来要注意声韵协调，停顿合适，如唱歌一般。

《声律启蒙》选段

《一东》节选第三段

贫/对/富，塞/对/通，野叟/对/溪童。鬓皤/对/眉绿，齿皓/对/唇红。天/浩浩，日/融融，佩剑/对/弯弓。半溪/流水/绿，千树/落花/红。野渡燕/穿/杨柳雨，芳池鱼/戏/芰荷风。女子/眉纤，额下/现/一弯新月；男儿/气壮，胸中/吐/万丈长虹。

chì lè
敕勒[1]歌

J-5

敕勒川[2]，阴山[3]下。

qióng lú lǒnggài yě
天似穹庐[4]，笼盖四野。

天苍苍[5]，野茫茫[6]。

xiàn
风吹草低见[7]牛羊。

（绘图：2017级蒙古学生　阿努）

词语解释

［1］敕勒：我国古代北方民族，北齐时居住在朔州（今山西北部）一带。

［2］敕勒川：敕勒族居住的地方，在现在的山西、内蒙古一带。北魏时期把今河套平原至土默川一带称为敕勒川。川，平川、平原。

［3］阴山：在今内蒙古自治区中部。

［4］穹庐：用毡布搭成的帐篷，即蒙古包。

［5］天苍苍：天蓝蓝的。苍苍，青色。

［6］茫茫：辽阔无边的样子。

［7］见：同“现”，显露。

古诗今译

阴山脚下啊，有敕勒族生活的大平原。那儿的天空啊，好像牧民们居住的毡(zhān)帐一般，四面与大地相连。天空辽阔，田野宽广。那风吹到之处牧草低伏，有一群群的牛羊时隐时现。

（绘图：2017 级蒙古学生　莫理）

作品赏析

《敕勒歌》选自《乐府诗集》，是南北朝时期黄河以北的北朝流传的一首民歌，一般认为是由鲜卑语译成汉语的。这首民歌歌咏了北国草原壮丽富饶的风光，抒写敕勒人热爱家乡、热爱生活的豪情。开头两句交代敕勒川位于高耸云霄的阴山脚下，接着两句用“穹庐”做比喻，说天空如蒙古包，盖住了草原的四面八方，以此来形容极目远望、天野相接、无比壮阔的景象。最后三句描绘了一幅水草丰盛、牛羊肥壮的草原全景图。诗歌有静有动，有形象，有色彩，描写生动。

经典名句

天苍苍，野茫茫。风吹草低见牛羊。

诵读指引

《敕勒川》这首诗是北朝流传的一首民歌，全诗风格明朗豪爽，境界开阔，音调雄壮，语言明白如话。在诵读时声调整体上比较高昂，要大声地读出气势，运用适当的停顿和抑扬顿挫，读出热爱家乡、热爱生活的豪情。

敕勒/歌

敕勒川，阴山下。天似/穹庐，笼盖/四野。（音调雄浑，呈上升语势，“野”重读）
天/苍苍，野/茫茫。（节奏舒缓，读出天地、原野的苍茫感）
风吹/草低/见/牛羊。（“见”重读，语速放缓，语音拉长，声韵饱满）

xiàng
乌衣巷[1]

J－6

yǔ xī
（唐）刘禹锡

què
朱雀桥[2]边野草花，
乌衣巷口夕阳斜。
旧时王谢[3]堂前燕，
飞入寻常[4]百姓家。

（绘图：2017 级泰国学生　林美丽）

词语解释

［1］乌衣巷：古金陵城内街名，位于秦淮河之南，与朱雀桥相近。三国时期吴国曾设军营于此，为禁军驻地。由于当时禁军身着黑色军服，所以此地俗称“乌衣巷”。在东晋时，王导、谢安两大贵族都居住在乌衣巷，人们称其子弟为“乌衣郎”。入唐后，乌衣巷沦为废墟。

［2］朱雀桥：六朝时金陵正南朱雀门外横跨秦淮河的大桥，在今南京市秦淮区。

［3］王谢：指王导、谢安，都曾是晋相，世家大族，贤才众多，皆居巷中，为六朝巨室。旧时王谢之庭院多燕子。至唐时，则皆衰落不知其处。

［4］寻常：平常。

古诗今译

朱雀桥边长满丛丛野草，点点野花。乌衣巷口断壁残垣（duàn bì cán yuán），正是夕阳西斜。从前在王谢庭院中筑巢（zhù cháo）的燕子，如今飞进了平常人家。

（绘图：2017 级印度尼西亚学生　叶晶晶）

作者简介

刘禹锡

字、号：字梦得

籍贯：河南洛阳

生卒年：772—842

身份：唐代文学家、哲学家、政治家

获荣誉称号：“诗豪”；与柳宗元并称“刘柳”；与韦应物、白居易合称“三杰”；与白居易合称“刘白”

代表作：词作《陋室铭》等；诗作《乌衣巷》《竹枝词》《柳枝词》等；《刘梦得文集》

作品赏析

《乌衣巷》是唐代诗人刘禹锡的代表作之一，是怀古组诗《金陵五题》中的第二首。此诗凭吊昔日东晋南京秦淮河上朱雀桥和南岸的乌衣巷的繁华鼎盛，而今却是野草丛生，荒凉残照，由此感慨沧海桑田，人生多变。作者选取燕子寄居的主人家已经不是旧时的主人这一平常现象，使人们认识到富贵荣华难以常保，那些曾经显赫一时的达官贵族，如过眼烟云，成为历史的陈迹。诗中没有一句直接议论，而是通过对野草、夕阳的描写，以燕子作为盛衰兴亡的见证，巧妙地把历史和现实联系起来，引导人们去思考时代的发展和社会的变化，包含着深刻的寓意。

经典名句

旧时王谢堂前燕，飞入寻常百姓家。

诵读指引

《乌衣巷》通过怀古来感慨沧海桑田，人生多变。在诵读时，整体节奏比较慢，读出荣华富贵如过眼云烟的感慨。

乌衣巷

朱雀/桥边/野草花，（语速缓慢，“野草花”重读，下行语势）

乌衣/巷口/夕阳斜。（语速缓慢，“夕阳斜”轻读，延长声音，平行语势）

旧时/王谢/堂前燕，（语速加快，“堂前燕”重读，上行语势）

飞入/寻常/百姓家。（语速由快到慢，“寻常”重读，“百姓家”延长声音，平行语势）

七步诗

J－7

（三国）曹植

gēng lù shū
煮豆持[1]作羹[2]，漉[3]菽[4]以为汁。
qí fǔ
萁[5]在釜[6]下燃，豆在釜中泣。
jiān
本自同根生，相煎[7]何太急？

（绘图：2018级泰国学生　千曼曼）

词语解释

[1] 持：用来、用作。

[2] 羹：用肉或菜做成的糊状食物。

[3] 漉：过滤。

[4] 菽：煮熟后发酵过的豆。有版本也作豉(chǐ)。

[5] 萁：豆秸，晒干后用作柴火烧。

[6] 釜：古代的一种锅。

[7] 煎：煎熬，比喻迫害。

古诗今译

煮豆来做豆羹，过滤掉豆子做成汁。豆秸在锅下燃烧，豆子在锅里哭泣。豆秸和豆子本是从同一条根上生长出来的，为什么要相互煎熬逼迫得那么狠呢？

作者简介

曹　植

字、号：字子建，生前曾为陈王，去世后谥号“思”，又称陈思王

籍贯：沛国谯郡（今安徽亳州）

生卒年：192—232

身份：三国时期文学家、军事家

获荣誉称号：与曹操、曹丕合称“三曹”

代表作：辞赋《洛神赋》等；诗作《白马篇》《七哀诗》等；《曹子建集》

作品赏析

这首诗运用比兴的手法，用同根而生的萁和豆来比喻同父共母的兄弟，用萁煎豆来比喻同胞哥哥曹丕迫害弟弟，语气委婉深沉，讥讽之中有提醒规劝之意。这一方面反映了曹植的聪明才智，另一方面也反衬了曹丕迫害手足的残忍。

前四句描述了燃萁煮豆这一日常生活现象，曹植以“豆”自喻，一个“泣”字充分表达了受害者的悲伤与痛苦。第二句中的“漉菽”是指过滤煮熟的豆子，“萁”是指豆秸，晒干后用来作为柴火烧。豆和豆秸是同一个根上长出来的，就好比同胞兄弟，豆秸燃烧起来却把锅内的豆煮得翻转“哭泣”，以此来比喻兄弟相残，十分真切感人。最后两句抒发了曹植内心的悲愤，这显然是在质问曹丕：“我与你本是同胞兄弟，为什么要如此苦苦相逼呢?”千百年来，“本自同根生，相煎何太急”已成为人们劝诫、避免兄弟自相残杀的普遍用语，说明此诗流传极广。

经典名句

本自同根生，相煎何太急?

诵读指引

据说，魏文帝曹丕担心弟弟曹植会威胁自己的皇位，就想着法子要除掉他。曹植知道哥哥故意为难自己，只好在极度悲愤中七步之内应声成诗。诗中表达了对曹丕的不满和规劝。朗读时注意语气语调，读出曹植悲愤又无可奈何的心情。

七步诗

煮豆/持/作羹，漉菽/以为/汁。（开头描写日常现象，语气比较平静舒缓）

萁/在/釜下/燃，豆/在/釜中/泣。（“萁”“燃”“豆”“泣”可以读成重音，特别是“泣”字，要读得重一点、长一点，表现出悲愤的心情）

本自/同根/生，相煎/何/太急?（“同根生”语气下抑，“何太急”要读出反问的语气，表达出心中的不满）

pàn

江畔独步寻花

J-8

（唐）杜甫

xī

黄四娘[1]家花满蹊[2]，

千朵万朵压枝低。

dié

留连[3]戏蝶时时舞，

yīng

自在娇[4]莺恰恰[5]啼。

（绘图：2017级印度尼西亚学生　吴丽菊）

词语解释

［1］黄四娘：杜甫住成都草堂时的邻居。

［2］蹊：小路。

［3］留连：留恋，舍不得离去。

［4］娇：可爱的样子。

［5］恰恰：拟声词，形容鸟叫声音和谐动听。一说“恰恰”为唐时方言，意为恰好。

古诗今译

黄四娘家周围的小路旁开满了鲜花，千万朵鲜花把枝条都压得低垂了。时刻都有蝴蝶在花丛中恋恋不舍地飞舞，自由自在的小黄莺在花间不断欢唱。

作者简介

杜　甫

字、号：字子美，自称少陵野老，
世称杜少陵、杜工部

籍贯：河南巩县（今河南巩义）

生卒年：712—770

身份：曾任检校工部员外郎，唐代现实主义诗人

获荣誉称号：“诗圣”；与李白并称“李杜”；其诗作人称
“诗史”

代表作：诗作《春望》《北征》等；“三吏”“三别”；《杜工部集》

作品赏析

这首诗记叙在江畔赏花时的场面和感触，描写诗人当时居住的草堂周围烂漫的春光，表达了对美好事物的欣赏。春花之美、人与自然的亲切和谐，都跃然纸上。

经典名句

留连戏蝶时时舞，自在娇莺恰恰啼。

诵读指引

这首诗描写草堂周围的美好春光，表达了对美好事物的热爱之情，诵读时要读出愉快轻松的感觉。

江畔/独步/寻花

黄四娘家/花/满蹊，千朵万朵/压枝/低。（开头交代地点，重音在后三个字“花满蹊”，突出春天的花又美又多。次句语气轻快，突出鲜花盛开，心情愉悦）

留连/戏蝶/时时/舞，自在/娇莺/恰恰/啼。（“留连”“自在”为双声词，“时时”“恰恰”为叠字，读出诗人沉醉在花、蝶之中，忽又被莺声唤醒的刹那间惊喜不已的感受）

zhí

游园不值[1]

J－9

shào wēng

（宋）叶绍翁

yīng lián　jī chǐ　cāng tāi

应怜[2]屐齿[3]印苍苔，

kòu　chái fēi

小扣[4]柴扉[5]久不开。

春色满园关不住，

xìng

一枝红杏出墙来。

（绘图：华文教育系教师　王琪阳）

词语解释

［1］游园不值：想游园却没能进门。值，遇到。不值，没有得到机会。

［2］应怜：大概是爱惜吧。应，大概，表示猜测。怜，怜惜，爱惜。

［3］屐齿：屐是木鞋，鞋底前后都有高跟，叫屐齿。

［4］小扣：轻轻地敲门。

［5］柴扉：用木柴、树枝编成的门。

古诗今译

也许是院子的主人爱惜青苔，怕我的木底鞋在上面留下脚印吧，我轻轻地敲柴门，好久也没有人来开门。可是这满园的春色是柴门和院墙关不住的，你看，那儿有一枝粉红色的杏花伸到墙外面来了。

作者简介

叶绍翁

字、号：字嗣宗（sì zōng），号靖逸（jìng yì）

籍贯：浙江龙泉

生卒年：不详

身份：宋代文学家、诗人

代表作：《游园不值》《夜书所见》《四朝闻见录》等

作品赏析

这首诗写诗人春天游园观花的所见所感，体现了取景小而含意深的特点，情景交融，写得形象又有趣，并含有一定的哲理。

开头两句交代诗人去访友，却没有见到朋友，园门紧闭，无法观赏园内的春花。感情上是从有所期待到失望遗憾。这里写得很幽默，诗人猜测说：大概是院子的主人爱惜青苔，怕我的木底鞋在上面留下脚印吧，所以敲门敲了很久也没开。这里将主人不在家故意说成主人拒绝客人进门，是为了给下面的诗句作铺垫。接着后两句继续想象：虽然主人紧闭园门，好像要把春色关在院子里独自欣赏，但“春色满园关不住，一枝红杏出墙来”。诗人从一枝盛开的红杏花领略到满园热闹的春色，感受到无限的春光，感情又由失望到意外之惊喜。“春色”和“红杏”都被拟人化，能让读者产生许多联想，这两句诗体现了生活的哲理：“春色”是关锁不住的，“红杏”必然要“出墙来”宣告春天的来临。同样，一切新生的美好的事物也是封锁（fēng suǒ）不住的，一定会冲破困难，发展起来。

经典名句

春色满园关不住，一枝红杏出墙来。

诵读指引

这首小诗写诗人春日游园的所见所感。全诗写得十分形象而又富有理趣，诵读时要注意通过适当的停顿和语势的起伏变化，读出诗人情感的变化。

游园/不值

应怜/屐齿/印/苍苔，小扣/柴扉/久/不开。（开头是猜测，语气比较平缓，次句中“久”字读成重音，读出从有所期待到失望遗憾的感觉）

春色/满园/关不住，一枝/红杏/出墙来。（这里声调上扬，语气轻快，“红杏”重读，读出由失望到意外的惊喜之感）

饮湖[1]上初晴后雨

yǐn

J－10

shì

（宋）苏轼

liàn yàn

水光潋滟[2]晴方好[3]，

méng yì

山色空蒙[4]雨亦[5]奇[6]。

yù

欲[7]把西湖比西子[8]，

dàn zhuāng nóng mǒ

淡妆浓抹[9]总相宜[10]。

（绘图：华文教育系教师　王琪阳）

词语解释

1. 湖：杭州的西湖。
2. 潋滟：水波流动的样子。
3. 方好：才显得美丽。
4. 空蒙：烟雨茫茫的样子。
5. 亦：也。
6. 奇：指景色奇妙。
7. 欲：想要，如果。
8. 西子：西施，春秋末期越国人，中国民间传说中的绝色美女。
9. 淡妆浓抹：梳妆打扮或淡雅或艳丽。
10. 总相宜：总是很合适。

古诗今译

这一天诗人在西湖饮酒，起初天气晴朗，西湖在阳光下，湖水波光闪闪，美极了。后来天色转阴，细雨如烟如雾，西湖周围的群山迷迷茫茫、若有若无，朦胧的景色非常奇妙。如果把这美丽的西湖比作美女西施，那么淡妆也好，浓妆也罢，总能很好地表现出她的美丽迷人。

作者简介

苏　轼

字、号：字子瞻，号东坡居士

籍贯：眉州眉山（今四川眉山）

生卒年：1037—1101

身份：宋代文学家、书法家、画家

获荣誉称号：“唐宋八大家”之一；追赠太师，谥号“文忠”

代表作：诗作《赤壁赋》《题西林壁》等；词作《水调歌头·明月几时有》《念奴娇·赤壁怀古》等

作品赏析

这首写西湖美景的诗是苏轼在杭州做官期间写的。前两句诗运用白描和对比的手法，写西湖晴天的水、雨天的山，从两种地貌、两种天气，表现西湖的水光山色之美。从“晴方好”“雨亦奇”这一赞评可以想见，在诗人眼中，无论是水是山，或晴或雨，西湖都是美好奇妙的。后两句，诗人用一个贴切的比喻来写西湖的神韵(shén yùn)之美。“西子”即西施，春秋时越国有名的美女。这里以绝色美女西施来比喻西湖，不仅赋予(fù yǔ)西湖之美以生命，而且新奇别致。因为人人都知道西施是个美女，但究竟是怎样的美丽，却只存在于每个人心中，西湖的美景也是如此。所以对西湖来说，晴也好，雨也好，就像美女西施，淡妆也好，浓抹也好，都同样美极了。这一出色的比喻，给读者留下了无限的想象空间，也被宋人称为“道尽西湖好处”的佳句，西湖从此得到了“西子湖”的美名。现在，人们提起西湖，就一定会想起苏轼的这首诗。

经典名句

欲把西湖比西子，淡妆浓抹总相宜。

诵读指引

这是一首赞美西湖美景的七言绝句。开头两句写西湖美景，朗读时要注意合适的停顿和语势的起伏变化，读出西湖美景给人带来的喜悦之情。

饮湖上/初晴/后雨

水光/潋滟/晴/方好，山色/空蒙/雨/亦奇。（其中的“晴”“雨”可以略微拉长，读重音，读出无论是晴天还是雨天，西湖都是美好奇妙的感觉）

欲把/西湖/比/西子，淡妆/浓抹/总/相宜。（这里运用巧妙的比喻，把西湖的美景比作美女西施，这里的两个“西”字，读重音，突出二者的相似之处。最后一句的“总”字可以略长，读重音，读出肯定和赞赏的感情）

huì chóng

惠崇[1]春江晚景

J－11

（宋）苏轼

zhú　　táo
竹外桃花三两枝，
　　　　nuǎn
春江水暖鸭先知。
lóu hāo　　　lú yá
蒌蒿[2]满地芦芽[3]短，
　　　tún
正是河豚[4]欲上[5]时。

（绘图：2017 级蒙古学生　温佳丽）

词语解释

［1］惠崇（亦作慧崇）：北宋有名的僧人，能诗能画，特别会画水乡，再加几只飞禽走兽，人称“惠崇小景”。他画了两幅《春江晚景》，一幅是鸭戏图，一幅是飞雁图。苏轼分别为之题诗，本诗是题鸭戏图的诗。

［2］蒌蒿：一种草本植物，有青蒿、白蒿等种类，刚长出时可以吃。

［3］芦芽：芦苇的幼芽，可食用。

［4］河豚：一种鱼，学名“鲀(tún)”，肉味鲜美，但是卵巢(luǎn cháo)和肝脏有剧毒。产于中国沿海和一些内河。每年春天河豚会逆(nì)江而上，在淡水中产卵。

［5］上：指逆江而上。

古诗今译

竹林旁边两三枝桃花刚刚开花，鸭子在水中游戏，它们最先察觉到初春的江水回暖了。河滩上已经长满了蒌蒿，芦笋也开始发芽了，而这时恰好是河豚逆流而上，从大海洄游到江河里来产卵的季节。

（绘图：2017 级委内瑞拉学生　李芷晴）

作者简介

苏　轼

字、号：字子瞻，号东坡居士

籍贯：眉州眉山（今四川眉山）

生卒年：1037—1101

身份：宋代文学家、书法家、画家

获荣誉称号：“唐宋八大家”之一；追赠太师，谥号“文忠”

代表作：诗作《赤壁赋》《题西林壁》等；词作《水调歌头·明月几时有》《念奴娇·赤壁怀古》等

作品赏析

这首诗是苏轼为宋初名僧惠崇的画《春江晚景》题写的诗，前三句描绘画中的早春景象：翠绿的竹林旁边，三两枝桃花悄悄地开放，红绿相映，向人们报告春天的消息。画中的主角——鸭子最先感知到春江回暖，在水中自在地玩耍。河滩上蒌蒿遍地，芦笋抽出了短短的嫩芽。最后一句是诗人触景生情的联想，由于长江一带的老百姓习惯把蒌蒿、芦笋和河豚一起烹（pēng）煮（zhǔ）来吃，让诗人不由得联想到这正是河豚逆流而上、从大海洄游到江里产卵的时候，也是捕捞河豚的最佳季节呀！

诗人用写实和想象相结合的写法，将原画里所描绘的春色展现得令人神往，不仅写出了南方的风物之美，还透露出严冬已过、春回大地的喜悦之情。这首诗既写出了“画中态”，又传出了“画外意”，是诗情画意完美结合的有名诗篇。

经典名句

春江水暖鸭先知。

诵读指引

这是一首题画诗，描写了春天万物复苏的景象，朗读时要读出春回大地的喜悦之情。

惠崇/春江/晚景

竹外/桃花/三两枝，（语速平缓，“桃花”重读，平行语势）

春江/水暖/鸭先知。（语速轻快，“鸭”重读，延长声音）

蒌蒿/满地/芦芽短，（语速缓慢，“满地”重读，延长声音，下行语势）

正是/河豚/欲上时。（语速轻快，“河豚”轻读，读出神秘的感觉，“欲上时”延长声音，平行语势）

江南春

J－12

mù
（唐）杜牧

yīng tí yìng
千里莺啼[1]绿映红，

guō
水村山郭[2]酒旗[3]风。

cháo sì
南朝[4]四百八十寺[5]，

多少楼台[6]烟雨[7]中。

（绘图：2017 级蒙古学生　乌立朝策蒙）

词语解释

［1］莺啼：黄莺啼叫。

［2］郭：外城。这里指城镇。

［3］酒旗：一种挂在门前以作为酒店标记的小旗。

［4］南朝：420—589 年，是东晋灭亡之后隋(suí)朝统一之前存在于中国南方，以建康（今南京）为都城的宋、齐、梁、陈四个朝代的总称。

［5］四百八十寺：南朝皇帝和官员喜欢佛教，在京城（今南京）大建佛寺。据《南史·循吏·郭祖深传》说，“都下佛寺五百余所”。这里说四百八十寺，是虚数。

［6］楼台：楼阁亭台。这里指寺院建筑。

［7］烟雨：细雨蒙蒙，如烟如雾。

古诗今译

春天来了，千里江南，到处都是好听的鸟叫声，桃花红，柳树绿，好美的春景啊，在临水的村庄、依山的城镇，随处可见各种酒店，酒店外的酒旗迎风飘扬。以前到处都是香烟缭(liáo)绕(rào)的寺庙，如今寺院的亭台楼阁都矗(chù)立在朦(méng)胧(lóng)的烟雨之中。

作者简介

杜　牧

字、号：字牧之，号樊川居士，
　　　　后世又称他为“杜樊川”

籍贯：京兆万年（今陕西西安）

生卒年：803—852

身份：唐代诗人

获荣誉称号：创晚唐诗歌高峰，与李商隐合称“小李杜”

代表作：《赤壁》《过华清宫绝句三首》《泊秦淮》《清明》《江南春》等

作品赏析

这首七言绝句，既写出了江南春景的丰富多彩，也写出了它的广阔和迷离。第一句写春来江南草绿花红，到处是好听的鸟叫声。用“千里”写出场景的广阔，这并不是一时所见，而是想象之中的景象。第二句写的是眼前所见之景：依山傍水的村庄和城郭、随处可见的酒店，酒店外的酒旗在春风中飘扬，一派热闹迷人的美景。第三、四句写眼前之景，又写想象中的景色：佛寺金碧（bì）辉（huī）煌（huáng）的楼台亭阁（gé），在烟雨蒙蒙中，更增加了一种神秘的色彩。这样的画面和色调，与开头两句的明朗绚丽相互映衬，使春天的江南美景更加丰富多彩。“南朝”二字给这幅画面增添了历史色彩。“四百八十寺”强调佛寺数量之多。诗人先强调建筑宏丽的佛寺不止一处，然后再接以“多少楼台烟雨中”，引人思考：这些佛寺都是南朝历代皇帝修建的，如今楼台依旧，当初修建的人都在哪里呢？诗人在对春日美景的喜悦中流露出一丝惆怅。

经典名句

千里莺啼绿映红。

诵读指引

这是一首写景诗，写出了江南春天特有的美景，也暗含一丝惆怅的感觉。朗读时要注意适当停顿和语气的变化，读出喜悦中流露的思考与惆怅。

江南春

千里/莺啼/绿映红，（语速轻快，“绿映红”重读，语势稍上扬，读出喜悦的心情）

水村/山郭/酒旗风。（语速平缓，“酒旗风”声音延长，平行语势）

南朝/四百/八十寺，（语速缓慢，“南朝”重读，延长声音，上行语势）

多少/楼台/烟雨中。（语速由快到慢，“烟雨中”延长声音，字字读得缓而深沉，平行语势）

悯[1]（mǐn）农[2]二首 其一

J－13

（唐）李绅（shēn）

春种一粒粟（sù）[3]，
秋收万颗子[4]。
四海[5]无闲（xián）田[6]，
农夫[7]犹（yóu）[8]饿死。

（绘图：2017 级泰国学生　刘慧丽）

词语解释

［1］悯：同情，可怜。
［2］农：农民。
［3］粟：米粒。这里指种子。
［4］子：果实。
［5］四海：全国。
［6］闲田：闲放着没有种东西的田地。
［7］农夫：农民。
［8］犹：还，仍然。

古诗今译

春天种下一粒谷物的种子，秋天收获了千颗万颗的粮食。天底下没有闲放着不种的土地，可还是有不少农民饿死了。

作者简介

李　绅

字、号：字公垂

籍贯：亳州谯县（今安徽亳州）

生卒年：772—846

身份：唐代宰相、诗人

获荣誉称号：追赠太尉，谥号“文肃”

代表作：《悯农二首》

作品赏析

这是一首揭露社会不平、同情农民疾苦的诗，着重批评劳动的人反而被饿死的不公平现象。第一、二句“春种一粒粟，秋收万颗子”，以“春种”“秋收”概写农民的劳动。从“一粒粟”化为“万颗子”，形象地写出丰收的景象。第三句“四海无闲田”，写全国的土地都已被农民开垦耕种，没有一处田地空着。此句与前两句的语意互相补充，进一步描写了遍地金黄的丰收景象，大自然让农民的辛勤劳动得到了回报。农民创造了这么多的财富，应该可以开心地生活了吧？谁知最后一句却是“农夫犹饿死”。这真是让人心痛啊！一个“犹”字，让人思考：到底是谁抢走了农民的劳动成果，让他们饿死呢？“犹饿死”也深刻地揭露了社会的不公平，表现了诗人强烈的愤慨和对农民真挚的同情。

经典名句

四海无闲田，农夫犹饿死。

诵读指引

这首诗描绘了农民辛勤劳动获得丰收却惨遭饿死的现实问题，写出了对农民的同情、对社会不公平的愤怒。朗读时要注意适当停顿和语气的变化，读出同情与愤怒的沉重心情。

悯农二首·其一

春种/一粒/粟，（语速平缓，“一粒”重读，平行语势）
秋收/万颗/子。（语速加快，“万颗”声音延长，语势稍上扬，读出丰收的喜悦心情）
四海/无/闲田，（语速缓慢，“无闲田”重读，延长声音，上行语势）
农夫/犹/饿死。（语速很慢，“犹”重读，“饿死”延长声音，字字读得缓而深沉，平行语势）

所 见

J－14

yuán méi
（清）袁 枚

mù
牧 童[1] 骑 黄 牛，

zhèn yuè
歌声振[2]林樾[3]。

bǔ míng chán
意欲[4]捕[5]鸣 蝉[6]，

忽 然 闭 口 立[7]。

（绘图：2017 级泰国学生　刘慧丽）

词语解释

［1］牧童：指放牛的孩子。

［2］振：振荡；回荡。说明牧童的歌声嘹亮。

［3］林樾：指众多树木合成的树荫。

［4］欲：想要。

［5］捕：捉。

［6］鸣蝉：鸣叫的知了。

［7］立：站立。

古诗今译

一个小小的牧童骑在黄牛背上，一路走，一路唱，嘹亮的歌声在树林里回响。他忽然想要捕捉树上鸣叫的知了，于是马上停止唱歌，静悄悄地站立在树旁。

作者简介

袁　枚

字、号：字子才，号简斋；晚年自号仓山居士、随园主人、随园老人

籍贯：钱塘（今浙江杭州）

生卒年：1716—1797

身份：乾隆四年（1739）进士，曾任县令，清代诗人、散文家、文学批评家、美食家

获荣誉称号：与赵翼、蒋士铨合称“乾隆三大家”；倡“性灵说”，与赵翼、张问陶并称“性灵派三大家”；为“清代骈文八大家”之一；文笔与大学士纪昀齐名，时称“南袁北纪”

代表作：诗作《所见》等；文集《小仓山房文集》《随园诗话》《随园食单》等；笔记小说《子不语》《续子不语》等；散文《祭妹文》等

作品赏析

这是一首反映儿童生活的诗篇，诗人在诗中描绘了小牧童充满童趣的生活画面。诗人先写小牧童的动态，通过“骑”和“振”两个动词，写出了牧童那种自由自在、无忧无虑的心情。那活泼好动的小牧童坐在高高的牛背上，大声唱歌，无拘无束。后写小牧童的静态，“忽然”发生了变化，“闭”和“立”两个动词让我们好像看见：小牧童突然闭上嘴巴，严肃静止，眼睛专注地望着鸣叫的知了，想要悄悄地捉住它。这从动到静、由行到停的变化，既突然又自然，完全出于天真童心的支配，逼真地写出小牧童天真可爱、活泼机灵的特点。全诗描绘了一幅林中牧童天真快乐的画面，表达了作者对田园生活的喜爱之情。

经典名句

意欲捕鸣蝉，忽然闭口立。

诵读指引

这首诗写一个牧童骑牛唱歌想捕捉知了的一件小事，表现了小牧童天真活泼、机智灵活、热爱大自然的情趣，表达了诗人对田园生活的喜爱之情。朗读时要注意适当停顿和语气的变化，读出情趣。

所见

牧童/骑/黄牛，（语速平缓，“骑黄牛”重读，平行语势）
歌声/振/林樾。（语速加快，“振林樾”声音延长，读出欢快的语气）
意欲/捕鸣蝉，（语速缓慢，“意欲”延长声音，“捕鸣蝉”重读，上行语势）
忽然/闭口立。（语速轻快，“忽然”延长声音，稍停顿；“闭口立”重读，声音短促，充满童趣的感觉）

三衢道中[1]

J－15

（宋）曾几

梅子黄时[2]日日晴，
小溪泛尽[3]却山行[4]。
绿阴[5]不减[6]来时路，
添得黄鹂[7]四五声。

（绘图：2017 级泰国学生　苏佩英）

词语解释

［1］三衢道中：在去三衢的道路上。三衢即衢州，今浙江衢州，因境内有三衢山而得名。

［2］梅子黄时：指五月，梅子成熟的季节。

［3］小溪泛尽：乘小船走到小溪的尽头。小溪，小河沟。泛，乘船。尽，尽头。

［4］却山行：再走山间小路。却，再的意思。

［5］绿阴：指苍绿的树荫。阴，同“荫”，树荫。

［6］不减：并没有少多少，差不多。

［7］黄鹂：黄莺。

古诗今译

梅子黄透了的时候，天天都是晴朗的好天气，我乘着小船，沿着小溪一直走到尽头，然后再改走山路，继续前行。山路上的绿荫并不比来的时候稀少，绿荫深处传来几声黄莺的叫声，更增添了一些幽趣。

作者简介

曾　几

字、号：字吉甫，自号茶山居士

籍贯：祖籍江西赣州，后移居河南洛阳

生卒年：1085—1166

身份：曾任礼部侍郎，宋代诗人

代表作：诗作《赠空上人》《南山除夜》《三衢道中》等；《茶山集》等

作品赏析

这是一首纪行诗，写诗人游览三衢山道中的见闻感受，描绘了初夏时宁静的景色，表现了诗人山行时轻松愉快的心情。第一句写出行的时间与天气：梅子成熟时往往多雨，难得有现在这样“日日晴”的好天气。写天晴，也是写诗人的愉快心情。第二句写出行线路：诗人乘坐小船去游山，小溪走完了，就下船上岸，改走山路。一个“却”字，道出了他高涨的游兴。第三、四句写归途中的美好景象：绿树依然像来时那样浓荫，爽静宜人，还增添了黄莺悦耳的鸣叫声，为三衢道中增添了无穷的生机和乐趣。从“来时路”悄悄过渡到回程，“添得”二字则暗示虽是回程，而游兴仍然很高。这首诗还成功地运用了对比：将往年阴雨连绵的黄梅天与眼下的晴朗对比；将来时幽静的绿树山林与回程中树丛里黄莺的鸣叫对比，在对比中传达出诗人轻松愉快的心情。

经典名句

绿阴不减来时路，添得黄鹂四五声。

诵读指引

这是一首纪行诗，描绘了初夏时宁静的景色，写出了诗人游览三衢山道中轻松愉快的心情。朗读时要注意适当停顿和语气的变化，读出轻松愉快的感觉。

三衢道中

梅子/黄时/日日晴，（语速平缓，“日日晴”重读，平行语势）
小溪/泛尽/却山行。（语速较平，“却”重读，声音延长，读出探究的语气）
绿阴/不减/来时路，（语速轻快，“不减”重读，声音延长，读出轻松的语气）
添得/黄鹂/四五声。（语速轻快，“四五声”重读，延长声音，读出欢快的语气）

前出塞（sài）九首 其六

J－16

（唐）杜甫（fǔ）

挽弓（wǎn gōng）[1]当[2]挽强[3]，用箭（jiàn）当用长（cháng）[4]。

射人先射马，擒（qín）[5]贼（zéi）先擒王。

杀人亦（yì）有限（xiàn）[6]，列（liè）国[7]自有疆（jiāng）[8]。

苟（gǒu）能[9]制（zhì）[10]侵陵（qīn líng）[11]，岂（qǐ）[12]在多杀伤。

（绘图：2018 级印度尼西亚学生　谢承良）

词语解释

［1］挽弓：拉弓。
［2］当：应当。
［3］强：指坚硬的弓。坚硬的弓需要用力拉，射出的箭才更远。
［4］长：指长的箭。
［5］擒：捉拿。
［6］亦有限：也要有个限度。
［7］列国：各个国家。
［8］自有疆：总归有个国界。疆，边界，国界。
［9］苟能：如果能。
［10］制：制止，制服。
［11］侵陵：侵犯，侵略。
［12］岂：难道。

古诗今译

拉弓应当拉坚硬的弓，用箭应当用长的箭。射人要先射马，抓贼要先抓住他们的大王。

杀人要有个限度，各个国家总归要有自己的边界。如果能制止敌人的侵略（那就可以了），难道战争就是为了多多地杀人吗？

作者简介

杜　甫

字、号：字子美，自称少陵野老，
世称杜少陵、杜工部
籍贯：河南巩县（今河南巩义）
生卒年：712—770
身份：曾任检校工部员外郎，唐代现实主义诗人
获荣誉称号：“诗圣”；与李白并称“李杜”；其诗作人称“诗史”
代表作：诗作《春望》《北征》等；“三吏”“三别”；《杜工部集》

作品赏析

这首诗表达了诗人对使用武力和唐朝边疆战争的看法。诗歌前四句语言自然流转，像是对军事经验的总结：拉弓应当拉坚硬的弓，用箭应当用长的箭。射人要先射马，抓贼要先抓住他们的大王。军队和士兵要具备这样的军事技能与战斗智慧，才能取得战争的胜利。但诗人在这里并不是要宣扬使用武力，而是在此基础之上进一步表达了自己对唐朝长年边塞战争的看法：杀人应有限度，一旦能够制止敌人的侵略，那就要马上结束战争，因为战争不是为了无限制地杀人！这首诗充分反映了诗人反对随意使用武力、反对任意发动战争的主张，诗人认为，拥有武力的最终目的不是侵略和扩张，而是停止战争和维护和平。

经典名句

射人先射马，擒贼先擒王。

诵读指引

这首诗明确地表达了诗人的政治观点。朗读时要注意适当停顿和语气的变化，读出明确的态度。诗的前四句，很像是当时军中流行的作战歌诀，“强”“长”“王”押韵，朗朗上口。后四句则是对武力打仗的看法，要读出冷静客观的感觉。

前出塞九首·其六

挽弓/当/挽强，用箭/当/用长。（语速平缓，“当”延长，“强”“长”重读，读出歌谣的感觉）

射人/先/射马，擒贼/先/擒王。（语速较慢，两个“先”重读，上行语势，读出高昂的士气）

杀人/亦/有限，列国/自/有疆。（语速缓慢，“有限”“有疆”重读，延长声音，平行语势）

苟/能/制侵陵，岂/在/多杀伤。（语速由快到慢，“岂”重读，“多杀伤”延长声音，字字读得缓而深沉，上行语势，带有反问的语气）

míng

山居秋暝[1]

J－17

（唐）王维

空山[2]新[3]雨后，天气晚来秋。

quán

明月松间照，清泉石上流。

xuān huàn zhōu

竹喧[4]归浣女[5]，莲动下渔舟。

xiē

随意[6]春芳[7]歇[8]，王孙[9]自可留[10]。

（绘图：2018级印度尼西亚学生　谢承良）

词语解释

［1］暝：天色将晚。
［2］空山：空寂的山。
［3］新：刚刚。
［4］喧：喧闹声。
［5］浣女：洗衣服的女子。
［6］随意：尽管。
［7］春芳：春天的花草。
［8］歇：消散，消失。
［9］王孙：原指贵族子弟，这里指隐居在这里的诗人自己。
［10］留：居，居住。

古诗今译

空寂的山中刚刚下了一场雨，秋天凉爽的夜晚到来了。明亮的月光从松树间照下来，清澈的泉水在山石上流淌。竹林里传来喧闹声，是洗衣的女子回来了，莲叶摇动，是打鱼的渔民划船过来了。尽管春天的花草都消失了，我还是可以在这山中长久隐居的。

作者简介

王　维

字、号：字摩诘，号摩诘居士，世称“王右丞”

籍贯：太原祁（今山西祁县）

生卒年：约 701—761

身份：唐代诗人、尚书右丞

获荣誉称号：“诗佛”、唐代山水田园诗派代表

代表作：诗作《山居秋暝》《渭川田家》等；《王右丞集》

作品赏析

这首诗是作者居住在秋天的山中傍晚所看到的景象。第一联点题，具体说明时间、地点和天气情况。中间两联是对自然景色的描写，动与静相生，自然美与人情美结合，富有画面感，充分体现了王维诗歌“诗中有画”的特点。最后一联反用前人诗意，虽然春色已逝，但山里的秋色同样值得自己流连忘返，表达了作者喜爱自然山水的宁静恬淡之情。

经典名句

明月松间照，清泉石上流。

诵读指引

《山居秋暝》是山水诗的名篇，在诗情画意之中寄托着诗人高洁的情怀和对理想境界的追求。在诵读时整体节奏比较轻快，注意通过适当的停顿和语势的起伏变化，表达出对田园生活的喜爱与满足的感情。

山居/秋暝

空山/新雨后，（语速轻快，“新雨后”重读，上行语势）
天气/晚来秋。（语速轻快，“晚来秋”重读，下行语势）
明月/松间/照，（语速略有减慢，“照”重读，上行语势）
清泉/石上/流。（语速平缓，“流”重读，下行语势）
竹喧/归/浣女，（语速轻快，“归”重读，上行语势）
莲动/下/渔舟。（语速轻快，“下”重读，下行语势）
随意/春芳歇，（语速平缓，“歇”重读，上行语势）
王孙/自可留。（语速逐渐放慢，“自可留”重读，延长声音，字字读得高昂而深沉，平行语势）

忆江南[1] 三首其一

J－18

（唐）白居易

江南好，风景旧曾(céng)谙(ān)[2]。日出江花[3]红胜(shèng)火[4]，春来江水绿如[5]蓝[6]。能不忆江南？

（绘图：2017级印度尼西亚学生 黄淑仪）

词语解释

［1］忆江南：词牌名。这里的江南主要是指长江下游的江浙一带。

［2］旧曾谙：过去曾经很熟悉。作者曾经在杭州、苏州做过官，对江南一带很熟悉。

［3］江花：江边的花朵。

［4］胜火：胜过火焰，比火还要红。

［5］如：好像。

［6］蓝：蓝草，叶子青绿，可以制作染料。

古词今译

江南好啊，那里的风景我曾经很熟悉。太阳升起时把江边的花朵照得比火还要红，春天的时候江水碧绿得好像蓝草一般。叫人怎能不怀念江南？

作者简介

白居易

字、号：字乐天，号香山居士，

又号醉吟先生

籍贯：山西太原

生卒年：772—846

身份：唐代现实主义诗人、翰林学士

获荣誉称号：“诗魔”“诗王”

代表作：《长恨歌》《琵琶行》《卖炭翁》等

作品赏析

这是一首描写江南美景的词。写这首词时作者已经 67 岁，他很动情地回忆起自己年轻时工作和生活过的地方——苏州、杭州等地。在词一开始，作者就很直接地发出赞叹：“江南是个好地方！那儿的风景我很熟悉啊！”接着又从“江花”和“江水”的颜色——“红胜火”“绿如蓝”两个角度去描写：江花在初升太阳的映衬下比火还要鲜艳，江水在春天到来时如蓝草一样碧绿，这样一幅色彩绚丽的江南美景图好像展现在我们眼前。最后一句反问“能不忆江南?”表达出作者对江南流连不已的情感。

经典名句

日出江花红胜火，春来江水绿如蓝。

诵读指引

这是一首回忆江南美景的词，写出了身在洛阳的作者对江南春色的无限赞叹与怀念。在诵读时要注意通过适当的停顿和语气抑扬顿挫的变化，表达出赞叹、眷恋、怀念等心情。

忆/江南/三首·其一

江南/好，风景/旧曾谙。（语速平缓，“好”“旧曾谙”重读，声音延长，下行语势）

日出/江花/红胜火，春来/江水/绿如蓝。（语速加快，“红胜火”“绿如蓝”轻读，延长声音，下行语势）

能不忆/江南？（语速加快，“能不忆”重读，上行语势，读出反问语气）

天上的街市

J－19

guō mò
郭沫若

远远的街灯明了，
shǎn
好像闪着无数的明星。
天上的明星现了，
好像点着无数的街灯。

piāo miǎo kōng
我想那缥缈[1]的空中，
定然[2]有美丽的街市。
街市上陈列[3]的一些物品，
定然是世上没有的珍奇[4]。

你看，那浅浅的天河，
定然是不甚[5]宽广。
gé
那隔河的牛郎织女，
定能够骑着牛儿来往。

我想他们此刻，
xián
定然在天街闲游。

不信，请看那朵流星[6]，
是他们提着灯笼在走。

（绘图：华文教育系教师　王琪阳）

词语解释

［1］缥缈：形容隐隐约约的，又像有，又像没有。

［2］定然：一定（是），表示肯定。

［3］陈列：把物品摆出来供人看。

［4］珍奇：稀少而又珍贵。

［5］甚：很。

［6］流星：在夜空很快划（huá）过的天体形成的亮光。

作者简介

郭沫若

字、号：原名郭开贞，字鼎堂，号尚武

籍贯：四川乐山

生卒年：1892—1978

身份：现代作家、诗人、历史学家、考古学家、古文字学家、社会活动家

获荣誉称号：中国新诗的奠基人

代表作：诗集《女神》《星空》；话剧《屈原》等

作品赏析

《天上的街市》写于1921年10月，诗人借助巧妙的联想、奇特的想象，用天上“美丽的街市”“世上没有的珍奇”，暗示了那里的美好、富足，表达了诗人对现实的不满和对美好生活的向往。

诗歌的题目本身充满着神奇的想象色彩，一开始就把人们引入一个想象中的美丽境界。全诗四句一节，每一节都是一幅美丽的图画。第一节是灯星辉映图，“明星”与“街灯”引发联想，由现实生活中的街市联想到天上的街市，天上地下的美景融(róng)为一体。第二节是街市奇珍图，写想象中的天上街市，陈列着“珍奇”的物品，且应有尽有。第三、四节写牛郎织女的幸福生活，第三节是骑牛往来图，第四节是天街闲游图。神话传说中的牛郎织女被王母娘娘无情地分隔在天河两岸，每年七月七日之夜才能在天河的鹊桥上相会一次。而诗人借助大胆的艺术想象，将神话传说进行改造，让牛郎织女在天上享受着美好的生活，他们骑着牛儿，提着灯笼，穿过银河，在美丽的天街闲游，“浅浅的天河”成了牛郎织女生活中的一道美丽的风景。这美好幸福的天街，是诗人对理想世界的描绘。牛郎织女的幸福生活则表达了诗人渴望摆脱(bǎi tuō)封建束缚(shù fù)、追求理想、向往自由幸福的思想感情。

经典名句

远远的街灯明了，
好像闪着无数的明星。
天上的明星现了，
好像点着无数的街灯。

诵读指引

《天上的街市》通过奇特的想象、优美的意境，来暗示对现实的不满和对美好未来的追求，全诗充满了浪漫的气息。在诵读时，要用轻松的语调、柔和的声音、舒缓的速度，注意停顿和重读，读出美好、恬静、自然的感情基调。

天上的街市

远远的/街灯/明了，（语速平缓，“街灯”重读，下行语势）
好像/闪着/无数的/明星。（语速缓慢，“明星”重读，平行语势）
天上的/明星/现了，（语速稍微加快，“明星”重读，上行语势）
好像/点着/无数的/街灯。（语速缓慢，“街灯”重读，平行语势）
我想/那缥缈的/空中，（语速缓慢，“缥缈”重读，平行语势）
定然/有美丽的/街市。（语速稍微加快，“定然”重读，上行语势）
街市上/陈列的/一些物品，（语速缓慢，“陈列”重读，平行语势）
定然是/世上/没有的/珍奇。（语速稍微加快，“珍奇”重读，下行语势）
你看，那浅浅的/天河，（语速稍微加快，“浅浅”重读，上行语势）
定然是/ 不甚/宽广。（语速减慢，“定然是”重读，“不甚宽广”延长声音，下行语势）
那隔河的/牛郎/织女，（语速平缓，“牛郎织女”重读，平行语势）
定能够/骑着牛儿/来往。（语速由快到慢，“来往”重读，下行语势）
我想/他们/此刻，（语速平缓，“此刻”重读，平行语势）
定然在/ 天街/闲游。（语速稍微加快，“闲游”重读，上行语势）
不信，请看/ 那朵流星，（语调上扬，语速稍快，“流星”重读，上行语势）
是他们/提着灯笼/ 在走。（语速由快到慢，“提着灯笼”重读，“在走”延长声音，平行语势）

火烧(shāo)云

J－20

萧红

晚饭过后，火烧云上来了，霞光照得小孩子的脸红红的。大白狗变成了红的了，红公鸡变成金的了，黑母鸡变成紫檀(zǐ tán)色[1]的了。喂猪的老头儿在墙根靠着，笑盈盈(yíng yíng)地看着他的两头小白猪变成小金猪了。他刚想说："你们也变了……"旁边走来一个乘凉(chéng liáng)的人，对他说："您老人家必要高寿，您老是金胡子了。"

天空的云从西边一直烧到东边，红彤彤(tóng tóng)[2]的，好像是天空着了火。

这地方的火烧云变化极多，一会儿红彤彤的，一会儿金灿灿的，一会儿半紫半黄，一会儿半灰半百合色。葡萄灰，梨黄，茄子紫，这些颜色天空都有，还有些说也说不出来、见也没见过的颜色。

一会儿，天空出现一匹马，马头向南，马尾向西。马是跪着的，像是在等着有人骑到它背上，它才站起来似的。过了两三秒钟，那匹马大起来了，马腿伸开了，马脖子也长了，一条马尾巴可不见了。看的人正在寻找马尾巴，那匹马就变模糊(mó hu)了。

忽然又来了一条大狗。那条狗十分凶猛，它在前边跑着，后边似乎还跟着好几条小狗。跑着跑着，小狗不知跑到哪里去了，大狗也不见了。

接着又来了一头大狮子，跟庙门前的大石头狮子一模一样，也是那么大，也是那样蹲（dūn）着，很威武、很镇静地蹲着。可是一转眼就变了。要想再看到那头大狮子，怎么也看不到了。

一时恍恍惚惚（huǎng huǎng hū hū）[3]的，天空里又像这个，又像那个，其实什么也不像，什么也看不清了，可是天空偏偏不等待那些爱好它的孩子。一会儿工夫火烧云下去了。

（绘图：2017 级蒙古学生　阿努）

词语解释

［1］紫檀色：紫色的一种，像紫檀木一样的颜色。

［2］红彤彤：亮丽鲜艳的红色，也作红通通。

［3］恍恍惚惚：指神志不清、看不清、迷茫的状态。

作者简介

萧　红

字、号： 本名张秀环，笔名萧红、悄吟、玲玲、田娣

籍贯： 黑龙江省哈尔滨市呼兰区

生卒年： 1911—1942

身份： 中国近现代女作家

获荣誉称号： “民国四大才女”之一，被誉为“20 世纪 30 年代的文学洛神”

代表作：《生死场》《呼兰河传》《小城三月》《马伯乐》

作品赏析

《火烧云》选自萧红的《呼兰河传》一书，是经典的名篇。《呼兰河传》是萧红回忆自己家乡的人和事的一部散文式的小说，这里对火烧云的描写也是作者对小时候家乡美丽景色的回忆。

本文描写火烧云的景色，首先是按照时间顺序来写，从火烧云开始一直写到火烧云的结束。其次在描写中，从颜色和形状两个方面来写。红彤彤、金灿灿、半紫半黄、半灰半百合色、葡萄灰、梨黄、茄子紫等不同的颜色词写出了颜色丰富的火烧云。最后作者用形象的比喻把云彩比成马、狗、狮子，生动地写出了火烧云的变化之美。

诵读指引

朗读这篇作品时整体上注意感情饱满，语气轻快，节奏明快，读出火烧云的形状和颜色的变化美。

巩固篇

问刘十九[1]

G－1

（唐）白居易

yǐ　　pēi
绿蚁[2]新醅[3]酒，
　　　　lú
红泥小火炉。
晚来天欲雪[4]，
能饮一杯无[5]？

（绘图：2018 级泰国学生　千曼曼）

词语解释

［1］刘十九：白居易留下的诗作中提到刘十九的不多，仅两首，但提到刘二十八、二十八使君的，就很多了。刘二十八是著名诗人刘禹锡，刘十九是刘禹锡的堂兄刘禹铜，是洛阳的一名富商，也是白居易的朋友。

［2］绿蚁：指浮在新酿（niàng）的没有过滤的酒上的绿色泡沫。色微绿，细如蚁，称为“绿蚁”。

［3］醅：酿造。

［4］雪：下雪，这里作动词用。

［5］无：表示疑问的语气词，相当于“么”或“吗”。

古诗今译

我家新酿的酒还未过滤，酒面上泛起一层绿泡，香气扑鼻。用红泥烧制成的烫酒用的小火炉也已经准备好。天快黑了，看样子晚上即将下雪，能来我家与我共饮一杯吗？

作者简介

白居易

字、号：字乐天，号香山居士，

又号醉吟先生

籍贯：山西太原

生卒年：772—846

身份：唐代现实主义诗人、翰林学士

获荣誉称号：“诗魔”“诗王”

代表作：《长恨歌》《琵琶行》《卖炭翁》等

作品赏析

这首诗写得非常有情趣，通过对饮酒环境和外面天气的描写，传达了诗人和刘十九的深厚情谊。诗的第一句描写家里刚刚酿好的酒，还没有把酒水过滤出来，酒面泛起酒渣泡沫，颜色微绿，让读者好像已经看到那又香又甜的酒。第二句写喝酒的环境，屋子里小巧的炉子，炉火正烧得通红，照亮了浮动着绿色泡沫的新酒。这两句选用“新醅酒”和“小火炉”，暗示出酒很诱人，家里有炉火，十分温暖。第三句写外面的天气：“晚来天欲雪”，寒冬腊月的傍晚，快要下雪了。最后一句“能饮一杯无?”用口语提问，轻言细语，问得很亲切。在这样一个大雪欲来的冬天里，酒和炉火都准备好了，邀请老朋友来家里喝酒聊天，这种渴望一起喝酒的心情，体现出诗人与刘十九之间亲密真诚的友情。全诗巧妙地运用了三个意象：“新醅酒”“小火炉”和“雪”，构成了一幅有声有色、有形有态、有情有意的图画，充满了生活的情趣，写出了朋友之间真挚的友谊。

经典名句

绿蚁新醅酒，红泥小火炉。

诵读指引

这首诗写的是诗人在一个风雪飘飞的傍晚邀请朋友前来喝酒的情景，体现了朋友间亲密友好的关系。在诵读时整体节奏要轻松，注意通过适当的停顿和像叙家常一样的语气，表达出朋友间亲密真诚的亲切感。

问/刘十九

绿蚁/新醅酒，（语速平缓，“新醅酒”重读，平行语势）
红泥/小火炉。（语速平缓，“小火炉”重读，下行语势）
晚来/天欲雪，（语速缓慢，“天欲雪”重读，声音延长，平行语势）
能饮/一杯无？（轻言细语，询问语气，“一杯无”问得很亲切，上行语势）

小池

G－2

（宋）杨万里

泉眼[1]无声惜[2]细流，

qíng róu

树阴照水[3]爱晴柔[4]。

小荷才露尖尖角，

qīng tíng

早有蜻蜓立上头。

（绘图：2017 级泰国学生　苏佩英）

词语解释

［1］泉眼：泉水流出的地方。
［2］惜：珍惜，爱惜。
［3］照水：倒映在水里。
［4］晴柔：晴天柔和的风光。

古诗今译

从泉眼里流出的泉水汇成细流，无声无息地，仿佛珍惜这滴滴泉水。倒映在水里的树荫（摇晃着树枝），仿佛喜爱这晴天里柔和的风光。池里的荷叶才长出鲜嫩的尖角，就有蜻蜓停落在这小荷上。

作者简介

杨万里

字、号：字廷秀，号诚斋

籍贯：吉州吉水（今属江西）

生卒年：1127—1206

身份：官至宝谟阁直学士，封庐陵郡开国侯，宋代诗人

获荣誉称号：与陆游、范成大、尤袤并称“中兴四大诗人”；其诗自成一体，称“诚斋体”

代表作：《小池》

作品赏析

这首诗充满了生机，处处都彰显和谐与爱意。泉水流淌、树荫映水、小荷冒出尖角、蜻蜓飞舞，充满了动感的画面。同时，又是有爱的画面：小池里的细流珍惜泉水，树荫爱着晴日里的柔和，小荷露出尖角点缀着小池，蜻蜓飞来与小荷为伴，一切都是那么祥和，那么温柔，展现了明媚的自然风光，表达了诗人对大自然的热爱之情。

经典名句

小荷才露尖尖角，早有蜻蜓立上头。

诵读指引

这首七言绝句诗人运用新颖的想象和拟人的手法，描写了小池周边自然景物的特征和变化，表现了诗人对大自然景物的热爱之情。在诵读时整体节奏要轻松，注意通过适当的停顿和语气的变化，读出对大自然的赞叹和喜爱的感情。

小池

泉眼/无声/惜细流，（语速平缓，“惜细流”重读，平行语势）
树阴/照水/爱晴柔。（语速平缓，“爱晴柔”重读，下行语势，读出爱意）
小荷/才露/尖尖角，（语速由慢到稍快，“尖尖角”重读，上行语势，读出惊喜之意）
早有/蜻蜓/立上头。（语速平缓，“蜻蜓”重读，“立上头”延长，下行语势）

chú jiàn

滁州西涧

G－3

（唐）韦应物

独怜[1]幽草[2]涧[3]边生，

lí

上有黄鹂深树[4]鸣。

cháo

春潮[5]带雨晚来急，

野渡[6]无人舟自横[7]。

（绘图：2017 级蒙古学生　温佳丽）

词语解释

［1］独怜：唯独喜欢。

［2］幽草：长在山谷里的小草。

［3］涧：山沟。

［4］深树：枝繁叶茂的树。

［5］春潮：春天的潮汐。

［6］野渡：野外的渡口。

［7］横：指随意地漂着。

古诗今译

最喜欢长在幽静山谷里的小草，那茂盛的树木丛中有黄鹂在啼叫。傍晚，潮水上涨，还下着雨，山沟里的水流得很急。野外的渡口没有人，只有一艘小船随意地漂在水面上。

作者简介

韦应物

字、号：字义博，后人称他“韦江州”或“韦苏州”“韦左司”

籍贯：长安（今陕西西安）

生卒年：737—792

身份：曾任滁州、江州、苏州等地刺史，唐代山水田园派诗人、文学家

获荣誉称号：其诗以五言古诗成就最高，有“五言长城”之誉

代表作：诗作《滁州西涧》《西塞山》《观田家》《寄全椒山中道士》《学仙二首》；《韦苏州集》

作品赏析

这是一首借景抒情的小诗。诗歌第一句表达对幽草的喜爱，实则表达自己耐得住寂寞，守得住做人原则的情怀。第二句写黄鹂啼叫，实则借黄鹂喻当权者，表达厌恶之意。第三句通过描写潮水湍急、暮雨潇潇的画面，暗指朝廷正是需要人才的时候。第四句通过描写船独自漂荡，表达了自己不得重用的无奈和怀才不遇的伤感之情。整首诗歌表达了诗人不逢迎谄媚的豁达胸怀和感时伤己的无奈之感。

经典名句

春潮带雨晚来急，野渡无人舟自横。

诵读指引

《滁州西涧》这首七言绝句是一首写景诗，是诗人在担任滁州刺史时，到滁州西涧游览写的。此诗写的虽然是平常的景物，却蕴含了诗人对自己怀才不遇的不平之感。在诵读时整体节奏要慢，注意通过适当的停顿和语势的起伏变化，表达出无可奈何的忧伤情怀。

滁州西涧

独怜/幽草/涧边生，（语速缓慢，“怜”重读，“涧边生”下行语势）
上有/黄鹂/深树鸣。（语速缓慢，“深树鸣”重读，延长声音，平行语势）
春潮/带雨/晚来急，（语速稍微加快，“晚来急”重读，延长声音，上行语势）
野渡/无人/舟自横。（语速缓慢，“无人”重读，“舟自横”延长声音，字字读得缓而深沉，平行语势）

春日

G－4

xī
（宋）朱熹

　　　　　sì　　bīn
胜日[1]寻芳[2]泗水[3]滨[4]，
无边光景[5]一时新。
等闲[6]识得东风[7]面，
万紫千红总是春。

（绘图：2017级蒙古学生　温佳丽）

词语解释

［1］胜日：天气晴朗的好日子。

［2］寻芳：春游，踏青。

［3］泗水：河名，在山东省。

［4］滨：水边，河边。

［5］光景：风光景色。

［6］等闲：轻易。

［7］东风：春风。

古诗今译

我在天气晴朗的日子来到泗水边游春（这里的风景真美啊），到处都焕然一新。春风吹拂，百花齐放，万紫千红，到处都是春天的景致。

作者简介

朱　熹

字、号：字元晦，又字仲晦，号晦庵，晚称晦翁，世称朱文公

籍贯：徽州婺源（今江西婺源）

生卒年：1130—1200

身份：宋代思想家、哲学家、教育家、诗人

获荣誉称号：闽学派的代表人物，儒学集大成者，世人尊称为“朱子”；朱熹的理学思想对元、明、清三朝影响很大，成为官方哲学，是中国教育史上继孔子后的又一人

代表作：诗作《春日》《观书有感》；《四书章句集注》《太极图说解》《通书解说》《周易读本》《楚辞集注》

作品赏析

这首诗表面上描绘了春日美好的景致，实际上是一首哲理诗，表达了诗人于乱世中追求圣人之道的美好愿望。诗中的“寻芳”暗喻求圣人之道，“泗水”暗喻孔门，“东风”暗喻教化，“万紫千红”比喻孔学的丰富多彩。诗人将圣人之道比作催发生机、点燃万物的春风。全诗不露说理的痕迹，这正是朱熹的高明之处。

经典名句

等闲识得东风面，万紫千红总是春。

诵读指引

《春日》这首诗表面上看似写景诗，描绘了春日美好的景致；实际上是一首哲理诗，表达了诗人在乱世之中追求圣人之道的美好愿望。在诵读时整体节奏要慢，注意通过适当的停顿和语势的起伏变化，表达出诗人向往美好事物的感情。

春日

胜日/寻芳/泗水滨，（语速平缓，“寻芳”重读，下行语势）
无边/光景/一时新。（语速稍微加快，“一时新”重读，延长声音，平行语势）
等闲/识得/东风面，（语速平缓，“东风面”重读，延长声音，上行语势）
万紫/千红/总是春。（语速轻快，“总是春”重读，延长声音，平行语势）

凉州词二首其一

G-5

（唐）王之涣

黄河远上[1]白云间，

一片孤城[2]万仞(rèn)[3]山。

羌(qiāng)笛[4]何须[5]怨杨柳[6]，

春风不度[7]玉门关[8]。

（绘图：2017级泰国学生　苏佩英）

词语解释

［1］黄河远上：远望黄河的源头。远上，远远向西望去。

［2］孤城：孤零零的城堡。

［3］仞：古代的长度单位，一仞约等于2.3米或2.6米。

［4］羌笛：一种羌族乐器。

［5］何须：何必。

［6］杨柳：指《杨柳曲》。

［7］不度：不到。度，过。

［8］玉门关：汉武帝时期修筑的通往西域的重要关隘，故址在今甘肃敦煌西北小方盘城。

古诗今译

黄河好像从白云间奔流而来，玉门关孤独地耸立在高山中。何必用羌笛吹奏那哀怨的《杨柳曲》呢？春风根本就吹不到玉门关。

作者简介

王之涣

字、号：字季凌

籍贯：绛州（今山西绛县）

生卒年：688—742

身份：唐代诗人

代表作：《登鹳雀楼》《凉州词二首》等

作品赏析

这是一首边塞诗，诗的前两句描绘了壮阔的西北边塞风光。远望黄河，仿佛与白云相接，奔流而下，画面壮阔。在崇山峻岭之中耸立着一座孤城，这座孤城成为整个画面的中心意象，也为后面的抒情渲染了荒凉的环境。第三句吹奏《杨柳曲》，表达了守边将士对故乡的思念。第四句用“春风不度玉门关”寓意皇帝不顾及守边将士的生死，不体恤守边将士。这是一首七言绝句，笔调苍凉悲壮，虽写满抱怨，但并不消极颓废，表现了盛唐时期人们宽广豁达的胸襟。

经典名句

羌笛何须怨杨柳，春风不度玉门关。

诵读指引

这首诗以一种特殊的视角描绘了西北边地壮阔、荒凉的景象，表现了边塞士兵回不了故乡的哀怨，但这种哀怨不消沉，而是一种壮烈的情感。在诵读时整体节奏要慢，注意通过适当的停顿和语势的起伏变化，表达出慷慨悲壮的感情。

凉州词二首·其一

黄河/远上/白云间，（语速缓慢，“白云间”重读，声音延长，上行语势）

一片/孤城/万仞山。（语速平缓，“孤城”重读，“万仞山”延长声音，字字读得缓而深沉，平行语势）

羌笛/何须/怨杨柳，（语速稍微加快，“何须”重读，延长声音，上行语势）

春风/不度/玉门关。（语速平缓，“不度”重读，“玉门关”延长声音，字字读得缓而深沉，平行语势）

凉州词二首其一

G－6

hàn
（唐）王翰

葡萄美酒夜光杯[1]，

pí pɑ
欲[2]饮琵琶[3]马上催[4]。

醉卧沙场[5]君[6]莫笑，

古来征战[7]几人回？

（绘图：2017级泰国学生　苏佩英）

词语解释

［1］夜光杯：用美玉制成的精美的酒杯。
［2］欲：将要。
［3］琵琶：一种乐器。
［4］催：催促。
［5］沙场：空旷的沙地，古时一般指战场。
［6］君：你。
［7］征战：打仗。

古诗今译

酒席上喝的是葡萄酿造的美酒，用的是美玉制成的夜光杯，正要畅饮时，传来了弹奏琵琶的声音，仿佛催人出征。如果喝多了，醉卧在沙场上，也请你不要笑话我，一直以来出外打仗的将士能有几人平安回来？

作者简介

王　翰

字、号：字子羽

籍贯：并州晋阳（今山西太原）

生卒年：687—726

身份：曾任汝州长史、道州司马，唐代边塞诗人

代表作：《凉州词二首》

作品赏析

这是一首边塞诗。诗前两句描绘了盛大而隆重的酒席，将士们都很惊喜和兴奋，乐队奏响琵琶，那急促的旋律像催人出征，现场沸腾起来了，这也为全诗的抒情营造了畅快的氛围。后两句“醉卧”“征战几人回”表现出将士们那种豪爽开朗的性格和视死如归的勇气。全诗描写了边塞的紧张动荡，具有浓郁的边塞色彩和军旅生活的风味。

经典名句

葡萄美酒夜光杯，欲饮琵琶马上催。

诵读指引

这首诗渲染了出征前盛大华贵的酒宴上战士们痛快豪饮的场面，表现了战士们豪放开朗的性格、兴奋的感情，以及视死如归的勇气。在诵读时整体节奏由快到慢，注意通过适当的停顿和语势的起伏变化，表达出由惊喜、兴奋到热烈、豪放的感情。

凉州词二首·其一

葡萄/美酒/夜光杯，（语速轻快，“美酒”重读，上行语势）

欲饮/琵琶/马上催。（语速稍慢，“马上催”重读，下行语势）

醉卧/沙场/君莫笑，（语速加快，似在劝酒，“君莫笑”重读，上行语势）

古来/征战/几人回？（语速由快到慢，“几人回”重读，延长声音，字字读得缓而深沉，反问语气）

chéng

早春呈[1]水部张十八员外[2]二首其一

G－7

（唐）韩愈

sū

天街[3]小雨润如酥[4]，
草色遥看近却无。
最是[5]一年春好处[6]，
绝胜[7]烟柳满皇都[8]。

（绘图：2017级蒙古学生　温佳丽）

词语解释

［1］呈：恭敬地递给。

［2］水部张十八员外：指张籍，他在同族兄弟中排行十八，人称“张十八”，曾任水部员外郎的官职。

［3］天街：京城的街道。

［4］润如酥：像酥油一样细腻、滋润。

［5］最是：正是。

［6］处：时。

［7］绝胜：远远胜过。

［8］皇都：帝都，这里指长安。

古诗今译

京城街道上下着密密麻麻的小雨，春雨像酥油一样细腻润滑。远远地看着小草连成一片，走近看时却很稀疏。一年之中最美的就是这早春的景色，远胜过绿柳满城的暮春。

作者简介

韩　愈

字、号：字退之，世称韩昌黎、昌黎先生

籍贯：河南河阳（今河南孟州）

生卒年：768—824

身份：官至监察御史，唐代文学家、思想家、哲学家、政治家

获荣誉称号：“唐宋八大家”之首；与柳宗元并称“韩柳”；有“文章巨公”和“百代文宗”之名

代表作：《早春呈水部张十八员外二首》《论佛骨表》《师说》《进学解》等

作品赏析

这是一首写景小诗，诗人观察细腻，用笔淡雅、简洁。第一句以“润如酥”来形容初春小雨细腻润滑的特点。第二句描写了初春小草色淡稀疏的特点，远看似有，近看却无。最后两句通过初春景色和暮春景色的对比，表达对初春景色的赞美之情。全诗词句优美，构思新颖，给人一种早春时节湿润、舒适和清新之美感，表达了作者对初春的热爱和赞美之情。

经典名句

天街小雨润如酥，草色遥看近却无。

诵读指引

这首诗描写了长安初春小雨的优美景色，表达了对春天来临时的欣赏喜悦之情。在诵读时整体节奏由快到慢，注意通过适当的停顿和语势的起伏变化，表达出赞美和热爱春天的感情。

早春/呈水部/张十八员外/二首·其一

天街/小雨/润如酥，（语速平缓，“润如酥”重读，平行语势）
草色/遥看/近却无。（语速平缓，“近却无”重读，声音延长，下行语势）
最是/一年/春好处，（语速轻快，“春好处”重读，延长声音，上行语势）
绝胜/烟柳/满皇都。（语速由快减慢，“绝胜”重读，“满皇都”延长声音，平行语势）

墨梅[1]

G-8

miǎn
（元）王冕

yàn
吾[2]家洗砚池[3]头[4]树，

hén
朵朵花开淡墨[5]痕[6]。

不要人夸好颜色，

qián kūn
只留清气[7]满[8]乾坤[9]。

（绘图：2018级马来西亚学生　孙红菱）

词语解释

［1］墨梅：用水墨画的梅花。

［2］吾：我。

［3］洗砚池：写字、画画后洗笔洗砚台的水池。

［4］池头：池边。头，边上。

［5］淡墨：水墨画中将墨色分为清墨、淡墨、浓墨、焦墨四种。这里是说那朵朵盛开的梅花，是用淡淡的墨迹点画成的。

［6］痕：痕迹。

［7］清气：清香之气。

［8］满：弥漫。

［9］乾坤：天地间。

古诗今译

我家洗砚池边有一棵梅树，梅树上开放着一朵朵像用淡淡墨迹点画成的梅花。这些梅花不需要别人夸它们的颜色好看，只需要把它们的清香之气弥漫在天地之间。

作者简介

王　冕

字、号：字元章，号煮石山农，亦号食中翁、梅花屋主

籍贯：浙江诸暨

生卒年：1310—1359

身份：元朝著名画家、诗人、篆刻家

代表作：《墨梅》《白梅》《南枝春早图》《墨梅图》《三君子图》等

作品赏析

这是一首题画诗。诗前两句描写了画中墨梅的情况，“池头树”“淡墨痕”，表现出墨梅的低调和淡雅。后两句转为抒情，盛赞墨梅“清气满乾坤”的高风亮节。墨梅不求人夸，外表淡雅，内心充满清气，这正是诗人的自我写照，表达诗人保持节操、独善其身、清高正直的高尚品格。

经典名句

不要人夸好颜色，只留清气满乾坤。

诵读指引

《墨梅》是王冕创作的一首七言绝句。诗人描写墨梅并赞美它不求人夸，只愿给人间留下清香的美德，表达了诗人不向世俗献媚的高尚情操。在诵读时整体节奏由快到慢，注意通过适当的停顿和语势的起伏变化，表达出不讨好、不求夸的清高正直的感情。

墨梅

吾家/洗砚/池头树，（语速平缓，娓娓道来，“池头树”重读，上行语势）
朵朵/花开/淡墨痕。（语速平缓，“淡墨痕”重读，声音延长，下行语势）
不要/人夸/好颜色，（语速轻快，“好颜色”重读，延长声音，上行语势）
只留/清气/满乾坤。（语速由快减慢，“清气”重读，“满乾坤”延长声音，平行语势）

望月怀远

G-9

（唐）张九龄

海上生[1]明月，天涯（yá）共此时。
情人[2]怨遥夜[3]，竟夕起相思。
灭烛怜（lián）[4]光满，披衣觉露滋（zī）[5]。
不堪[6]盈（yíng）手[7]赠，还寝（qǐn）[8]梦佳期。

（绘图：2017级泰国学生　苏佩英）

词语解释

［1］生：升。

［2］情人：有情人。

［3］遥夜：漫漫长夜。

［4］怜：爱怜。

［5］滋：湿润。

［6］不堪：不能。

［7］盈手：满手。盈，满。

［8］寝：睡觉。

古诗今译

茫茫的海上升起一轮明月，你我相隔天涯却能望着同一轮月亮。有情人都怨恨这漫漫长夜，整夜都睡不着，思念着远方的亲人。怜爱这满屋月光，熄灭蜡烛（好好享受这月夜），感受到夜晚露水的寒凉，披上衣服。不能把美好的月色捧给你，只希望能和你在梦里相见。

作者简介

张九龄

字、号：字子寿，一名博物

籍贯：韶州曲江（今广东韶关）

生卒年：678—740

身份：曾任中书侍郎，唐代政治家、文学家、诗人

获荣誉称号：“岭南第一人”

代表作：《感遇》《望月怀远》等

作品赏析

这首诗是望月怀思的名篇。第一、二句渲染了与亲人天涯相隔，共赏一轮明月的离别之情。第三、四句写漫漫长夜、孤独难眠的情境，表达对亲人的思念。第五、六句的“怜光满”“觉露滋”，写睡不着而起床的所见所感，侧面烘托出秋凉的环境。结尾两句写不能赠予月色，那就梦里相见，进一步抒写了浓烈的思念之情。全诗语言细腻，构思巧妙，情景交融，感人至深。

经典名句

海上生明月，天涯共此时。
情人怨遥夜，竟夕起相思。

诵读指引

《望月怀远》是作者在离乡时，夜晚望着月亮思念远方亲人而写的。在诵读时整体节奏要慢，注意通过适当的停顿和语势的起伏变化，表达出气势雄阔到细腻深情的变化。

望月远怀

海上/生/明月，（语气高亢，语速较慢，“生明月”重读，上行语势）
天涯/共/此时。（语速平缓，“共此时”重读，声音延长，下行语势）
情人/怨/遥夜，（语速较缓，语气轻柔，“怨”重读，声音延长，上行语势）
竟夕/起/相思。（语速缓慢，“起相思”重读，延长声音，平行语势）
灭烛/怜光满，（语速缓慢，语气轻柔，“怜光满”重读，声音延长，平行语势）
披衣/觉露滋。（语速缓慢，语气轻柔，“觉露滋”重读，声音延长，平行语势）
不堪/盈手赠，（语速加快，“盈手赠”重读，上行语势）
还寝/梦佳期。（语速由快到慢，“梦”重读，“佳期”延长声音，字字读得缓慢而深情，平行语势）

送友人

G－10

（唐）李白

青山横北郭[1]，白水[2]绕东城。

此地一[3]为别，孤蓬(péng)[4]万里征[5]。

浮云[6]游子[7]意，落日故人情。

挥手自兹[8]去，萧萧(xiāo xiāo)[9]班马[10]鸣。

（绘图：2018级泰国学生　王玲玲）

词语解释

［1］郭：古代在城外修建的一种外城墙。
［2］白水：清清的河水。
［3］一：语气助词。
［4］孤蓬：比喻远行的朋友。蓬，一种随风飘扬的草。
［5］征：远行。
［6］浮云：飘动的云。
［7］游子：远游的人。
［8］兹：此，这里。
［9］萧萧：拟声词，指马的叫声。
［10］班马：离群的马，这里指友人的马。班，分别，离别。

古诗今译

青山横卧在城墙的北面，清清的河水围绕在城的东边。我们就在这里送别，从此你就要像孤蓬那样，漂泊到万里之外去了。远游的人像浮云一样漂浮不定，夕阳慢慢落下山，好像舍不得一样。挥手告别，友人的马发出鸣叫声，好像不愿意就此离别。

作者简介

李　白

字、号：字太白，号青莲居士

籍贯：陇西成纪（今甘肃秦安）

生卒年：701—762

身份：唐代浪漫主义诗人

获荣誉称号：“诗仙”

代表作：《静夜思》《望庐山瀑布》《行路难三首》《蜀道难》《将进酒》等

作品赏析

这是一首送别诗，描写作者送别友人时的依依不舍与离情别绪。第一、二句通过写景，交代送别友人的地点和环境，渲染离别的氛围，饱含不舍。第三、四句写情，想象着友人今后将如孤蓬一样漂泊万里，十分怜惜，隐含着不忍与朋友分离之情。第五、六句情景交融，“浮云”和“落日”都仿佛不忍离去，暗指我和朋友情谊深厚，不舍离别。第七、八句写离别，用马鸣之声比作离别之声，衬托出诗人浓浓的离愁。

经典名句

浮云游子意，落日故人情。

诵读指引

这首诗表达了作者送别友人时的依依不舍和离情别绪。在诵读时整体节奏要慢，注意通过适当的停顿和语势的起伏变化，表达出不忍分离、情深意切之感。

送/友人

青山/横北郭，（正常语速，“横”重读，上行语势）
白水/绕东城。（正常语速，“绕”重读，平行语势）
此地/一为别，（语速缓慢，“别”重读，下行语势，读出依依惜别之情）
孤蓬/万里征。（语速缓慢，“万里征”重读，延长声音，平行语势）
浮云/游子意，（语速加快，“游子意”重读，上行语势）
落日/故人情。（语速缓慢，“故人情”重读，延长声音，下行语势，读出深情之感）
挥手/自兹去，（语速加快，“自兹去”重读，上行语势，声音延长，读出不舍之感）
萧萧/班马鸣。（语速由快到慢，“班马鸣”重读，延长声音，字字读得缓而深沉，平行语势）

fèng huáng

登金陵[1]凤凰台[2]

G－11

（唐）李白

凤凰台上凤凰游，凤去[3]台空江[4]自流。

yōu jìng　　qiū

吴宫[5]花草埋幽径，晋代[6]衣冠[7]成古丘[8]。

lù

三山[9]半落青天外[10]，二水[11]中分白鹭洲[12]。

bì

总为浮云[13]能蔽日[14]，长安[15]不见使人愁。

（绘图：2018级印度尼西亚学生　谢承良）

词语解释

［1］金陵：今江苏南京。唐代以前，已相继有三国的东吴、东晋等六个朝代在这里建都。

［2］凤凰台：故址在南京的凤凰山上。传说南朝时曾有凤凰飞到山上，人们就修建了凤凰台作为纪念。可惜凤凰台今已不存在。

［3］去：离开。

［4］江：长江。

［5］吴宫：三国时的东吴在金陵建都，筑有宫殿。

［6］晋代：指东晋，也定都于金陵。

［7］衣冠：衣帽穿戴，这里借指当时的贵族人物。

［8］古丘：古坟、土堆。

［9］三山：三座山。三座山在金陵西南的长江边上，明代时已被挖平。

［10］半落青天外：形容三座山极远，看不大清楚。

［11］二水：指秦淮河向西流入长江，被白鹭洲分为两条河道。

［12］白鹭洲：古代长江中的沙洲，因为洲上多有白鹭，因此得名。今已与陆地相连。

［13］浮云：比喻皇帝身旁的奸邪小人。

［14］日：太阳，这里象征着皇帝。

［15］长安：唐代的首都，今陕西西安，这里指李白所向往的朝廷。

古诗今译

凤凰台曾经有凤凰来此游玩，（现在）凤凰飞走，高台空空，只有长江水依然流淌。吴国宫殿的花草都被埋没在荒凉的小路边，晋代的豪门贵族都已变成一座座土堆。远处三座山（被云雾遮挡），一半好像落在了天外，秦淮河被白鹭洲分成了两条河流。天上的浮云总是遮住太阳的光辉，长安城啊（我）看不见，内心感到十分忧愁。

作者简介

李　白

字、号：字太白，号青莲居士

籍贯：陇西成纪（今甘肃秦安）

生卒年：701—762

身份：唐代浪漫主义诗人

获荣誉称号：“诗仙”

代表作：《静夜思》《望庐山瀑布》《行路难三首》《蜀道难》《将进酒》等

作品赏析

这是一首著名的七言律诗，诗歌首联从凤凰台的有关传说写起，奇特地连用了三个“凤”字。凤凰是传说中能带来吉祥的鸟，它曾给金陵这座古城带来六朝的繁华，可它还是飞走了，如今只剩下空空的高台和日夜不停流淌的长江水。颔联继续感慨古今朝代的兴衰、人事的沧桑：过去金陵那些高大的宫殿、芬芳的花草、显赫的高官、风流的人物，如今都被荒草、黄土堆取代，都消失在了历史的长河中。颈联描写在凤凰台上看到的景色：远处江边的三座山隐隐约约，有一半好似落在青天以外，秦淮河被白鹭洲分成了两条河流。这副颈联也因对仗工整而十分出名。诗歌尾联写因为浮云遮住了太阳，诗人看不到那座让他朝思暮想的城市——长安，这就好比说奸邪小人蒙蔽了皇帝，使得皇帝不能任用诗人，使他不能回到朝廷为国效力。这首诗内容丰富，情感深厚，表达了诗人对古今兴亡的感慨，同时抒发了不能得到皇帝重用的苦闷之感。

经典名句

三山半落青天外，二水中分白鹭洲。

诵读指引

这是李白的一首怀古抒情诗，写登临凤凰台时的所见所感。在诵读时整体节奏要慢，注意通过适当的停顿和语势的起伏变化，表达出对古今兴亡的感慨和苦闷的心情。

登/金陵/凤凰台

凤凰/台上/凤凰游，凤去/台空/江自流。（语速缓慢，“凤凰”“凤”重读，“江自流”声音延长，下行语势）

吴宫/花草/埋幽径，晋代/衣冠/成古丘。（语速缓慢，“吴宫”“晋代”重读，“埋幽径”“成古丘”轻读，延长声音，平行语势，读出对古今朝代兴衰、人事沧桑变化的感慨）

三山/半落/青天外，二水/中分/白鹭洲。（语速加快，“半落”“中分”重读，上行语势）

总为/浮云/能蔽日，长安/不见/使人愁。（语速由快到慢，“能蔽日”重读，“使人愁”延长声音，字字读得缓慢而低沉，下行语势）

望岳（yuè）

G－12

（唐）杜甫

岱（dài）宗[1]夫（fú）[2]如何？齐鲁[3]青未了（wèi liǎo）[4]。

造化[5]钟[6]神秀[7]，阴阳割（gē）[8]昏晓[9]。

荡（dàng）胸[10]生曾（céng）云，决眦（zì）[11]入归鸟。

会当[12]凌（líng）[13]绝顶[14]，一览众山小[15]。

（绘图：2018级印度尼西亚学生　谢承良）

词语解释

[1] 岱宗：泰山别称“岱”，是五岳中的第一位，所以又名“岱宗”。

[2] 夫：发语词，无义。

[3] 齐鲁：代指山东地区。

[4] 未了：不尽、不断。

[5] 造化：大自然。

[6] 钟：聚集。

[7] 神秀：神奇秀美。

[8] 割：分开。

[9] 昏晓：黄昏和早晨。

[10] 荡胸：心胸摇荡。

[11] 决眦：尽力睁开眼角。眦，眼角。

[12] 会当：一定要。

[13] 凌：登上。

[14] 绝顶：最高的山峰。

[15] 小：以……为小。

古诗今译

五岳之首的泰山到底是什么样子呢？在齐鲁大地上青翠的山色连绵不绝。大自然把神奇秀美集中在这里，山峰高大，山南山北成了黄昏和早晨不同的景色。远望层层云气在山中升起，令人心胸摇荡；睁大眼睛远望归鸟回旋入山，我的眼角好像要裂开一样。我一定要登上泰山的最高峰，那时就可以俯视周围矮小的群山。

作者简介

杜　甫

字、号：字子美，自称少陵野老，
　　　　世称杜少陵、杜工部

籍贯：河南巩县（今河南巩义）

生卒年：712—770

身份：曾任检校工部员外郎，唐代现实主义诗人

获荣誉称号："诗圣"；与李白并称"李杜"；其诗作人称
　　　　"诗史"

代表作：诗作《春望》《北征》等；"三吏""三别"；《杜工部集》

作品赏析

这首五言律诗写于杜甫年轻时，诗歌第一联写青翠的泰山横跨在齐鲁大地上，气势非凡。第二联是远望，一山之中竟有黄昏和清晨不同的明暗景色，不由得让诗人惊呼大自然赋予泰山的神奇伟力，感慨泰山的巍峨高大。第三联是细观，诗人的心也随着层层叠叠的云雾时起时落、摇摇荡荡，为了看清远处一群群归鸟的样子，诗人的眼睛不觉有些酸痛，这泰山的美景到处都是，望也望不完啊。因为泰山的壮美和雄奇感动召唤着诗人，在第四联，诗人就发出了"会当凌绝顶，一览众山小"的豪言壮语，表达了年轻人一定要有不畏艰难、登上最高峰才能笑看天下的雄心。泰山是世界文化与自然双重遗产，久负盛名。自古就留下文人墨客很多诗歌。这首《望岳》不仅描绘了泰山雄伟秀美的景色，而且体现了不断进取、积极向上的精神追求，所以成为众多描写泰山诗歌中的杰出之作，千百年来为人们所称道。

经典名句

会当凌绝顶，一览众山小。

诵读指引

《望岳》这首诗描绘了泰山雄伟神奇的景象，流露出诗人对祖国山河的热爱。在诵读时整体节奏要豪迈，注意通过适当的停顿和语势的起伏变化，表达出诗人不怕困难、敢攀顶峰的雄心，以及兼济天下的豪情壮志。

望岳

岱宗/夫如何？（正常语速，“夫如何”重读，上行语势）
齐鲁/青未了。（语速缓慢，“青未了”重读，下行语势）
造化/钟神秀，（语速加快，“钟神秀”重读，上行语势）
阴阳/割昏晓。（语速平缓，“割昏晓”重读，下行语势）
荡胸/生曾云，（语速加快，“生曾云”重读，上行语势）
决眦/入归鸟。（语速略缓，“入归鸟”重读，下行语势）
会当/凌绝顶，（语速加快，“凌绝顶”重读，延长声音，上行语势）
一览/众山小。（语速由快到慢，“览”“小”重读，“众山小”延长声音，字字读得豪迈，下行语势）

使至塞上[1]

G－13

（唐）王维

shǔ
单车[2]欲问边[3]，属国[4]过居延[5]。
zhēng péng sài
征蓬[6]出汉塞[7]，归雁[8]入胡天[9]。
mò
大漠[10]孤烟直[11]，长河落日圆。
xiāo féng jì dū hù yān
萧关[12]逢候骑[13]，都护[14]在燕然[15]。

（绘图：2018级印度尼西亚学生　谢承良）

词语解释

［1］使至塞上：奉命出使边塞。使，出使。

［2］单车：一辆车，这里形容使者的随从很少。

［3］问边：慰问守卫边关的官兵。

［4］属国：对这个词，有几种解释，一种认为是指附属于朝廷的一些小国，另一种认为是唐朝使臣的代称。

［5］居延：地名，确切地方说法不一，有的认为在今内蒙古额济纳旗北境，有的认为在今甘肃张掖、酒泉一带。

［6］征蓬：随风飘飞的蓬草，此处为诗人自喻。

［7］汉塞：汉朝的边塞，这里指唐朝官兵守卫的地方。

［8］归雁：北归的大雁。

［9］胡天：胡人的天空，这里指唐军守卫的北方。

［10］大漠：沙漠。

［11］孤烟：一说是古代边防报警时燃烧狼粪引起的烟，即通常说的“狼烟”；二说是唐代边防使用的平安火。

［12］萧关：古关名，故址在今宁夏固原。

［13］候骑：负责侦察的骑兵。

［14］都护：唐朝在西北边疆设立了六大都护府，称最高长官为都护。

［15］燕然：燕然山，即今杭爱山。东汉大将军窦（dòu）宪北破匈奴时，曾在这里刻石记功。

古诗今译

我要去边关慰问视察，国家的边塞辽阔，属国都到了居延以外。我像随风飞转的蓬草一样出了汉朝的边塞，像北归的大雁一样飞入胡人的天空。辽远的沙漠中一道烽烟直上云端，静静的长河边一轮红色的落日又大又圆。在萧关遇到侦察的骑兵，告诉我最高长官还驻扎在遥远的燕然山。

作者简介

王　维

字、号：字摩诘，号摩诘居士，世称“王右丞”

籍贯：太原祁（今山西祁县）

生卒年：约 701—761

身份：唐代诗人、尚书右丞

获荣誉称号：“诗佛”、唐代山水田园诗派代表

代表作：诗作《山居秋暝》《渭川田家》等；《王右丞集》

作品赏析

这是一首五言律诗，主要写诗人出使边塞时一路的所见所闻，西北独特的大漠风光和边塞生活一直是唐代边塞诗的主要内容。诗歌第一、二联写诗人出使，离开了繁华的首都长安，独自来到边塞，心情如飘飞的蓬草、飞入胡天的大雁，可见诗人内心的孤单和情绪的低落。但紧接着的第三联：大漠苍茫，孤烟直上，长河静默，落日浑圆，诗人把一幅壮丽奇特的塞外风光展现在我们眼前！低沉的心情一扫而光。在第四联，诗人遇到了侦察的骑兵，得知最高长官还驻守在遥远的燕然山呢，表明唐朝在西北的疆土还非常辽阔。

经典名句

大漠孤烟直，长河落日圆。

诵读指引

《使至塞上》是一首纪行诗，写的是诗人被朝廷派往边塞，一路上的所见所感。在诵读时注意整体节奏要由慢到稍快，语气由低沉到高亢，表达出诗人由情绪低落、感到孤独，到亲切温暖而又激昂壮阔的感情。

使至/塞上

单车/欲问边，（语速平缓，“欲问边”重读，平行语势）

属国/过居延。（语速平缓，“过居延”重读，下行语势）

征蓬/出汉塞，（语速缓慢，“出汉塞”重读，上行语势）

归雁/入胡天。（语速加快，“入胡天”重读，下行语势）

大漠/孤烟直，（语速由快到慢，“大漠”重读，“孤烟直”延长声音，字字读得高亢，上行语势）

长河/落日圆。（语速由快到慢，“落日圆”重读，延长声音，字字读得缓重，下行语势）

萧关/逢候骑，（语速平缓，“逢候骑”重读，上行语势）

都护/在燕然。（语速平缓，“在燕然”重读，平行语势）

饮酒二十首其五

G－14

（晋）陶渊明

结庐（lú）[1]在人境（jìng）[2]，而无车马喧（xuān）[3]。

问君[4]何能尔（ěr）[5]？心远地自偏。

采菊东篱（lí）下，悠（yōu）然[6]见南山。

山气日夕[7]佳，飞鸟相与还（huán）[8]。

此中有真意[9]，欲辨（biàn）[10]已忘言。

（绘图：2018级印度尼西亚学生　谢承良）

词语解释

［1］结庐：建造房屋。
［2］人境：喧嚣扰攘的尘世。
［3］车马喧：车马的喧闹声，指和世俗交往的喧扰。
［4］君：指作者自己。
［5］何能尔：为什么能这样。尔，如此、这样。
［6］悠然：自得的样子。
［7］日夕：傍晚。
［8］相与还：结伴回来。还，回来。
［9］真意：自然意趣。
［10］辨：分辨。

古诗今译

我的房子盖在喧嚣扰攘的尘世，但门前却没有人或车马的喧闹声。问我为什么能这样，只要心远离了世俗，居住的地方就自然、安静、偏远了。在东边的竹篱下采菊花，随意间看见了远处美丽的南山。南山傍晚的景色最好，山雾缭绕，一群群飞鸟结伴归来。这种生活里隐含着自然的意趣，想要分析却忘了如何用语言来表达。

作者简介

陶渊明

字、号：字元亮，又名潜，世称靖节先生，自号五柳先生

籍贯：浔阳柴桑（今江西九江）

生卒年：365—427

身份：东晋末至南朝宋初期伟大的诗人、辞赋家

获荣誉称号：中国第一位田园诗人，被称为“古今隐逸诗人之宗”

代表作：《杂诗》《归园田居》《饮酒》《五柳先生传》《桃花源记》《归去来兮辞》等

作品赏析

诗人陶渊明不满当时现实的黑暗，回到农村生活，每晚都饮酒，醒后就写诗，这首诗就是二十首中的一篇，属于五言古诗。诗歌一开头说，自己的房子明明盖在熙熙攘攘的人世间，每天却没有迎来送往、吵吵闹闹的车马之声。为什么门前这么冷清安静呢？五个字——“心远地自偏”。当一个人的内心远离了对人世间一切地位、名声、财富等外在利益的追求时，身居之地自然就会很偏僻、清静了，因为人更看重内心精神的充实，外在的那些如浮云一样的东西被看淡了。那诗人平时的生活是什么样的呢？“采菊东篱下，悠然见南山”，他喜欢去院子东边的篱笆下采摘菊花，不经意间一抬头看见了远处静默的南山。采菊的诗人和南山相遇的这一刹那有很强的象征意义，代表着人的生命与自然万物的相接，共存共生。人的生命合乎了自然之道。

“山气日夕佳，飞鸟相与还”，黄昏时候的南山最美，云气缭绕，一群群的鸟儿都在山林中寻找自己的窝儿。鸟儿尚且知道飞累了就要回家，那人呢？诗人也在寻找最适合的生命存在的一种方式，那就是远离尘世那些不必要的烦扰和争斗，回归自然悠闲的生活，保全个人的真性情。最后，诗人写道，这种生活的“真意”我体会到了，但很难用语言表达出来。其实，陶渊明不仅写出了这种“真意”，而且也用实际行动做到了。这首诗语言清淡，哲理悠长，令人回味。

经典名句

采菊东篱下，悠然见南山。
此中有真意，欲辨已忘言。

诵读指引

这首诗主要表现隐居生活的情趣，突出了诗人宁静安详的心态和回归大自然的理想，表达了对大自然的欣赏与赞叹。在诵读时整体节奏要慢，注意通过适当的停顿和语势的起伏变化，表达出悠闲自得的心境和热爱田园生活的感情。

饮酒二十首·其五

结庐/在人境，（语速缓慢，“在人境”重读，上行语势）

而无/车马喧。（语速缓慢，“车马喧”重读，下行语势）

问君/何能尔？（语速加快，“何能尔”重读，疑问语气，上行语势）

心远/地自偏。（语速平缓，“地自偏”重读，下行语势）

采菊/东篱下，（语速加快，“东篱下”重读，上行语势）

悠然/见南山。（语速平缓，“见南山”重读，下行语势）

山气/日夕佳，（语速加快，“日夕佳”延长声音，平行语势）

飞鸟/相与还。（语速平缓，“相与还”延长声音，平行语势）

此中/有/真意，（语速由快到慢，“有真意”延长声音，上行语势）

欲辨/已/忘言。（语速由快到慢，“已忘言”重读，延长声音，字字读得缓而深沉，平行语势）

bǔ suàn yǒng méi
卜算子[1]·咏梅

G－15

（宋）陆游

yì jì mò chóu
驿外[2]断桥[3]边，寂寞[4]开无主[5]。已是黄昏独自愁，

zhuó
更著[6]风和雨。

dù
无意[7]苦[8]争春[9]，一任[10]群芳[11]妒[12]。零落[13]成泥

niǎn
碾[14]作尘[15]，只有香如故[16]。

（2018 级印度尼西亚学生　谢承良）

词语解释

［1］卜算子：是词牌名。又名“百尺楼”“眉峰碧”“楚天遥”“缺月挂疏桐”等。卜，古人用火烧乌龟的背甲，然后根据龟甲上面的裂纹来预测吉凶。算子，算命的人。

［2］驿外：指荒僻、冷清的地方。驿，驿站，是古代专供为国家传递军事情报的官员途中食宿、换马的建筑。

［3］断桥：残破的桥。

［4］寂寞：孤单冷清。

［5］无主：没人照管，没人欣赏。

［6］更著：又遭到。更，又，再。著，同“着”，是遭受、承受的意思。

［7］无意：没有心思，不想。

［8］苦：尽力，竭力。

［9］争春：与百花争奇斗艳。这里是指在官场上争权。

［10］一任：全任，完全任凭。一，副词，这里是完全的意思。任，动词，任凭。

［11］群芳：百花。这里是借指诗人的政敌，即朝廷里那些得过且过的主和派。

［12］妒：嫉妒。

［13］零落：凋谢。

［14］碾：压烂，压碎。

［15］作尘：化成灰土。

［16］香如故：香气仍然存在。

古词今译

在驿站之外的断桥边，一株梅花孤单寂寞地开了花，没有人过问，没有人欣赏。暮色降临，梅花无依无靠，够愁苦了，却又遭到了风雨的一番摧残。

梅花并不想费尽心思去跟百花争奇斗艳，因此对百花的妒忌与排斥毫不在乎。即使凋谢飘落，被碾成泥，又化成土，梅花依然像往常那样散发出清香。

作者简介

陆　游

字、号：字务观，号放翁

籍贯：越州山阴（今浙江绍兴）

生卒年：1125—1210

身份：宋代诗人

获荣誉称号：宋代爱国诗人

代表作：诗作《示儿》《关山月》等；词作《钗头凤·红酥手》等；《剑南诗稿》等

作品赏析

梅花是中华文化中的“岁寒三友”之一，因为在冬天迎寒开放，所以被赋予了冰清玉洁的高贵品质，咏梅也因而成为中国古典诗词中的常见主题。这是陆游的一首咏梅词，陆游极爱梅花，一生留下很多咏梅诗词。这首词表面上写的是梅花，其实作者是用梅花比喻自己，通过对梅花精神的描写抒发自己的抱负。

这首词没有从外表形态上对梅花进行描写，而是着重写它的精神。上片写梅花的生存环境，它开在荒僻、冷清的驿站之外的断桥边，而不是像其他名贵的花那样开在达官贵人豪华的厅堂里。接着写它遭受黄昏时分风雨的摧残。表面上写的是梅花冷落凄凉的遭遇，其实暗喻作者当时在朝廷中被投降派打击排挤的经历。

下片笔锋一转，写梅花的品格：百花都争相在春天开放，而梅花却不与群芳争春，任凭百花嫉妒。即使凋谢飘落，成泥成尘，依旧保持着固有的清香。这实际上就是作者自我品格的写照，陆游一生多次遭到投降派的打击，而报国之志仍然不减，所以前人对陆游有“一树梅花一放翁”的评价。因此，这首著名的咏梅词，其实也是陆游自己的咏怀之作。

经典名句

零落成泥碾作尘，只有香如故。

诵读指引

《卜算子· 咏梅》这首词借饱受摧残、清香犹存的梅花，比喻自己虽然终生坎坷但无怨无悔的爱国信念。在诵读时整体节奏要慢，注意通过适当的停顿和语势的起伏变化，表达失意坎坷但坚贞不屈的自信的感情。

卜算子· 咏梅

驿外/断桥边，（语速平缓，“断桥边”重读，上行语势）
寂寞/开无主。（语速缓慢，“寂寞”重读，“开无主”延长声音，平行语势）
已是/黄昏/独自愁，（语速缓慢，“愁”重读，延长声音，平行语势）
更著/风和雨。（语速加快，“更”重读，“风和雨”延长声音，下行语势）
无意/苦争春，（语速由慢到快，“无意”重读，“苦争春”延长声音，平行语势）
一任/群芳妒。（语速缓慢，“群芳妒”重读，延长声音，平行语势）
零落/成泥/碾作尘，（语速加快，“碾作尘”重读，延长声音，平行语势）
只有/香如故。（语速由快到慢，“只有”重读，“香如故”延长声音，字字读得缓而深沉，平行语势）

yuè

清平乐[1]·村居[2]

G-16

jí

（宋）辛弃疾

máo yán　　　　　　　　　　　zuì　　　　　　mèi

茅檐[3]低小，溪上青青草。醉里吴音[4]相[5]媚好[6]，白发谁家翁媪[7]？

wēng ǎo

chú　　　　　　　　　lóng　　　　　wú lài

大儿锄豆[8]溪东，中儿正织[9]鸡笼。最喜小儿亡赖[10]，溪头卧[11]剥莲蓬。

bāo lián peng

（绘图：2018级印度尼西亚学生　陈玲燕）

词语解释

［1］清平乐：词牌名。又名“清平乐令”“醉东风”“忆萝月”，是宋词常用词牌。

［2］村居：词题。意思是住在农村。

［3］茅檐：茅草屋的屋檐。

［4］吴音：吴地的方言。吴，今天的江苏南部和浙江北部一带。作者当时住在信州（今江西上饶），这一带的方言为吴音。

［5］相：相互。

［6］媚好：逗趣，取乐。

［7］翁媪：老爷爷和老奶奶的并称，也指年老的父母。

［8］锄豆：锄掉豆田里的杂草。

［9］织：编织。这里是指编织鸡笼。

［10］亡赖：这里是指小孩子淘气、顽皮。亡，通“无”。

［11］卧：趴。

古词今译

茅草屋的屋檐又低又小，溪边长满了翠绿的小草。带着醉意的吴地方言，听起来又温柔又美好。那白发苍苍正在相互打趣的一对老人是谁家的公婆父母？

大儿子在小溪东边的豆田里锄草，二儿子在家中编织鸡笼。最喜欢那顽皮的小儿子，他正趴在溪头的草丛里，剥着刚摘下来的莲蓬。

作者简介

辛弃疾

字、号：原字坦夫，改字幼安，别号稼轩

籍贯：历城（今山东济南）

生卒年：1140—1207

身份：南宋豪放派词人、爱国将领

获荣誉称号：有“词中之龙”之称；与苏轼合称“苏辛”；与李清照并称“济南二安”

代表作：《清平乐·村居》《西江月·夜行黄沙道中》《水龙吟·登建康赏心亭》《永遇乐·京口北固亭怀古》等

作品赏析

这是辛弃疾晚年在江西农村闲居时写的一首词，用白描手法描绘了农村一个五口之家美好的生活画面，茅檐、小溪、青草，这些都是农村司空见惯的景物，然而作者把它们组合在一个画面里，显得格外清新优美。一对白发苍苍的老爷爷老奶奶悠闲自得地饮酒聊天，大儿子在锄草，二儿子在编织鸡笼，小儿子在卧剥莲蓬。寥寥几笔就将生机勃勃、宁静闲适的农村生活画面描绘了出来，给人一种诗情画意、爽心悦目的感觉，具有浓厚的生活气息，表现出作者对农村和平宁静生活的喜爱。

经典名句

最喜小儿亡赖，溪头卧剥莲蓬。

诵读指引

《清平乐·村居》这首词描绘了农村一个五口之家的生活环境和生活画面，借此表现人情之美和生活之趣，表达了作者对农村平静安宁生活的喜爱。在诵读时整体节奏要轻快，注意通过适当的停顿和语势的起伏变化，表达出清新宁静又富有生活情趣的感情。

清平乐·村居

茅檐/低小，溪上/青青草。（语速平缓，“低小”“青青草”重读，读出押韵，平行语势）
醉里/吴音/相媚好，（语速缓慢，“相媚好”轻读，延长声音，平行语势）
白发/谁家/翁媪？（语速缓慢，“谁家”重读，延长声音，上行语势，读出疑问语气）
大儿/锄豆/溪东，（语速平缓，“大儿”轻读，延长声音，平行语势）
中儿/正织/鸡笼。（语速由慢到稍快，“中儿”轻读，延长声音，平行语势）
最喜/小儿/亡赖，（语速加快，“最喜”轻读，延长声音，平行语势，读出喜爱之情）
溪头/卧剥/莲蓬。（语速由快到慢，“卧剥”重读，“莲蓬”延长声音，字字读得高昂有趣，平行语势）

西江月[1]·夜行黄沙道[2]中

G－17

（宋）辛弃疾

明月别枝惊鹊[3]，清风半夜鸣蝉(míng chán)[4]。稻花香里说丰年，听取蛙声一片。

七八个星天外，两三点雨山前。旧时[5]茅店[6]社林[7]边，路转溪桥忽见(xiàn)[8]。

（绘图：2018级印度尼西亚学生　陈玲燕）

词语解释

［1］西江月：词牌名。又名“白苹香”“步虚词”“江月令”等。

［2］黄沙道：指从黄沙村到黄沙岭之间的一条乡村道路，南宋时是一条比较繁华的官道。黄沙，指江西省的一个村庄，即黄沙村。

［3］别枝惊鹊：惊动喜鹊飞离树枝。

［4］鸣蝉：蝉的叫声。

［5］旧时：往日。

［6］茅店：用茅草盖的农村客店。

［7］社林：指土地庙附近的树林。社，土地庙。古时候村庄通常都有社树，是村民祭神的地方，所以叫社林。

［8］见：同“现”，出现。

古词今译

明亮的月光照到枝头，惊起了停留在树上休息的喜鹊，清爽的夜风吹来了蝉的叫声。在稻花的飘香里，人们谈论着丰收的年景，耳中听到阵阵青蛙的叫声，似乎也在诉说丰年。

稀疏的星星刚才还挂在天边，转眼间山前便落下了滴滴细雨。往日那家茅屋客店还在村庙附近的树林旁，走到溪桥拐个弯，它便忽然出现在眼前。

作者简介

辛弃疾

字、号：原字坦夫，改字幼安，别号稼轩

籍贯：历城（今山东济南）

生卒年：1140—1207

身份：南宋豪放派词人、爱国将领

获荣誉称号：有“词中之龙”之称；与苏轼合称“苏辛”；与李清照并称“济南二安”

代表作：《清平乐·村居》《西江月·夜行黄沙道中》《水龙吟·登建康赏心亭》《永遇乐·京口北固亭怀古》等

作品赏析

这是辛弃疾的一首描写田园风光的词，写他某夜行走在黄沙道上所见到的景物，作者将人们熟悉的月、鸟、蝉、蛙、星、雨、店、桥等一系列形象巧妙地组合成一幅画，让我们感受到了农村夜晚的恬静美。

这是一个月明风清的夏夜，作者行走在黄沙道上，耳中传来山村特有的蝉叫、蛙鸣之声，人们在稻花的飘香里谈论着丰收的前景。此情此景，令人心情愉悦。然而刚才稀疏的星星还挂在天边，转眼间山前却落下了滴滴细雨。半路遇雨，正发愁呢，不曾想走过溪头，拐了个弯，就忽然见到了社林边从前休息过的那家茅屋客店。作者很享受这种夜行乡间的乐趣。这首词散发着浓郁的生活气息，字里行间流露出作者对丰收之年的喜悦和对农村生活的热爱之情。

经典名句

明月别枝惊鹊，清风半夜鸣蝉。

诵读指引

《西江月·夜行黄沙道中》是一首吟咏田园风光的词，全词从视觉、听觉和嗅觉三方面抒写夏夜的山村风光，洋溢着丰收的幸福。在诵读时整体节奏要轻快，注意通过适当的停顿和语势的起伏变化，表达出喜悦、幸福的感情。

西江月·夜行/黄沙道中

明月/别枝/惊鹊，（语速平缓，“惊鹊”重读，上行语势）

清风/半夜/鸣蝉。（语速缓慢，“鸣蝉”轻读，延长声音，平行语势）

稻花香里/说丰年，（语速加快，“说丰年”重读，上行语势）

听取/蛙声/一片。（语速由快到慢，“蛙声”重读，“一片”延长声音，下行语势）

七八个/星/天外，（语速由快到慢，“星”重读，“天外”延长声音，字字读得轻快，上行语势）

两三点/雨/山前。（语速由快到慢，“雨”重读，“山前”延长声音，字字读得轻快，下行语势）

旧时/茅店/社林边，（语速平缓，“茅店”重读，“社林边”延长声音，平行语势）

路转/溪桥/忽见。（语速由快到慢，“忽见”重读，延长声音，下行语势）

丑　石

G－18

贾平凹(wā)

我常常遗憾我家门前那块丑石：它黑黝黝(yǒu yǒu)[1]地卧在那里，牛似的模样；谁也不知道是什么时候留在这里的，谁也不去理会它。只是麦收时节，门前摊了麦子，奶奶总是说：这块丑石，多占地面呀，抽空把它搬走吧。

它不像汉白玉那样的细腻，可以刻字雕花，也不像大青石那样的光滑，可以供来浣(huàn)纱捶(chuí)布[2]。它静静地卧在那里，院边的槐(huái)荫没有庇覆(bì fù)[3]它，花儿也不再在它身边生长。荒草便繁衍(fán yǎn)出来，枝蔓(màn)上下，慢慢地，它竟锈上了绿苔、黑斑。我们这些做孩子的，也讨厌起它来，曾合伙要搬走它，但力气又不足；虽时时咒(zhòu)骂它，嫌弃它，也无可奈何，只好任它留在那里了。

终有一日，村子里来了一个天文学家。他在我家门前路过，突然发现了这块石头，眼光立即就拉直了。他再没有离开，就住了下来；以后又来了好些人，都说这是一块陨(yǔn)石[4]，从天上落下来已经有二三百年了，是一件了不起的东西。不久便来了车，小心翼翼地将它运走了。

这使我们都很惊奇，这又怪又丑的石头，原来是天上的啊！它补过天，在天上发过热、闪过光，我们的先祖或许仰望过它，它给了他们光明、向往、憧憬（chōng jǐng）[5]；而它落下来了，在污土里、荒草里，一躺就是几百年了！

我感到自己的无知，也感到了丑石的伟大，我甚至怨恨它这么多年竟会默默地忍受着这一切！而我又立即深深地感到它那种不屈于误解、寂寞的生存的伟大。

（绘图：2018 级马来西亚学生　林学谨）

词语解释

[1] 黑黝黝：黑得发亮。

[2] 浣纱捶布：洗衣服。

[3] 庇覆：掩盖，覆盖。

[4] 陨石：流星落入大气层后，没有完全烧毁而落到地面上的石头。

[5] 憧憬：对美好事物的向往。

作者简介

贾平凹

字、号：本名贾平娃

籍贯：陕西丹凤

生卒年：1952 年至今

身份：中国当代小说家和散文家

获荣誉称号：获人民文学出版社“荣誉作家”奖牌；小说《秦腔》入选“新中国 70 年 70 部长篇小说典藏”

代表作：《商州》《浮躁》《秦腔》等

作品赏析

《丑石》创作于 20 世纪 80 年代初，是贾平凹的代表散文作品。这篇散文使用了借物喻人的手法，用丑石的经历来写高贵的品格。在散文抒情模式中，作者采用了传统的欲扬先抑的手法，即先极力写丑石的“丑”，它黑黝黝、不规则，人们都不去理会。而且人们还常常觉得它碍事，一点用也没有，所以它一直被嫌弃。最后天文学家却发现它是一块来自天上的陨石，一下子让人们改变了对它的看法。

丑石的遭遇以及后来被人尊崇，让作者体会到了一种人生的性格——“不屈于误解、寂寞的生存的伟大”。

诵读指引

朗读这首作品时整体上注意感情饱满和语气的起伏变化。第 1 ~ 2 自然段是客观描写丑石的段落，读的时候语气应平缓，读出嫌弃的感觉；第 3 ~ 4 自然段，在作者发现丑石的价值以后，读出意外、惊喜的感觉；第 5 自然段，读的时候语气应深沉，读出反省深思的感觉。

落花生

G－19

许地山

我们家的后园有半亩空地，母亲说："让它荒着怪可惜的，你们那么爱吃花生，就开辟[1]出来种花生吧。"我们姐弟几个都很高兴，买种，翻地，播种，浇水，没过几个月，居然收获了。

母亲说："今晚我们过一个收获节，请你们父亲也来尝尝我们的新花生，好不好？"我们都说好。母亲把花生做成了好几样食品，还吩咐[2]就在后园的茅亭里过这个节。

晚上天色不太好，可是父亲也来了，实在很难得。

父亲说："你们爱吃花生吗？"

我们争着答应："爱！"

"谁能把花生的好处说出来？"

姐姐说："花生的味美。"

哥哥说："花生可以榨(zhà)[3]油。"

我说："花生的价钱便宜，谁都可以买来吃，都喜欢吃。这就是它的好处。"

父亲说："花生的好处很多，有一样最可贵：它的果实埋在地里，不像桃子、石榴、苹果那样，把鲜红嫩绿的果实高高地挂在枝头上，使人一见就生爱慕[4]之心。你们看它矮矮地长在地上，等到成熟了，也不能立刻分辨出来它有没有果实，必须挖出来才知道。”

我们都说是，母亲也点点头。

父亲接下去说：“所以你们要像花生，它虽然不好看，可是很有用，不是外表好看而没有实用的东西。”

我说：“那么，人要做有用的人，不要做只讲体面[5]，而对别人没有好处的人了。”

父亲说：“对。这是我对你们的希望。”

我们谈到夜深才散。花生做的食品都吃完了，父亲的话却深深地印在我的心上。

（绘图：2018 级马来西亚学生　林学谨）

词语解释

［1］开辟：这里指把原来荒着的地开垦出来。
［2］吩咐：口头指派或命令。
［3］榨：用力压出物体里的汁。

［4］爱慕：由于喜爱或敬重而愿意接近。

［5］体面：（相貌、样子或穿着）好看，有气派。

作者简介

许地山

字、号：名赞堃（kūn），字地山，笔名落华生

籍贯：广东揭阳

生卒年：1894—1941

身份：中国现代小说家、散文家

获荣誉称号：“五四”时期新文学运动先驱者之一

代表作：《落花生》《空山灵雨》《缀网劳蛛》等

作品赏析

《落花生》是许地山的代表作，作者后来也常用“落花生”作为笔名。这篇散文围绕一件小事展开，从最开始空地上种花生，然后秋天收获花生，一家人团聚吃花生的时候又议论起花生的好处。通过父亲的口，散文提出了花生的好处——“虽然不好看，可是很有用”。最后父亲希望自己的孩子要做一个对社会、对别人有用的人。

这篇散文的主题思想就是要告诉读者，为人不要过分追求外表或者体面的东西，要做一个实在有用的人。

诵读指引

朗读这首作品时整体上注意感情的起伏变化，特别是人物的语言，要根据人物身份模拟不同角色的语气。

神话二则

G－20

（一）夸父逐日

夸父与日逐[1]走，入日[2]；渴，欲得饮[3]，饮于河、渭（wèi）[4]；河、渭不足，北饮大泽[5]。未至，道渴而死。弃[6]其杖，化为邓林。

（绘图：2018 级泰国学生　王玲玲）

词语解释

［1］逐走：追逐，赛跑。
［2］入日：追赶到太阳落下的地方。

［3］欲得饮：想要喝水。

［4］河、渭：黄河、渭河。

［5］大泽：大湖。

［6］弃：丢弃，丢掉。

古文今译

夸父追逐太阳，一直追到太阳落下的地方。他口渴了，想要喝水，就到黄河、渭河那里喝水。黄河、渭河的水不够，他就去北边的大湖喝水。还没到大湖，他就在半路口渴而死。他丢弃的手杖，变化成了桃林。

作品赏析

《夸父逐日》出自中国古代的《山海经》，是上古时期的一个神话故事。故事没有说夸父为什么要追逐太阳，可能他想要知道为什么每天会有日出日落，才会一直追到太阳落下的地方。夸父口渴了，喝光了两条大河的水还是不够，最后竟然渴死了。死后，他的手杖化成了一片桃林。夸父的形象象征了一种向往光明、进取不息的精神。

诵读指引

朗读这首作品时整体上注意感情的起伏变化，像讲故事一样，注意适当的停顿和语气变化，做到有张有弛。

神话二则

（一）夸父/逐日

夸父与日/逐走，入日；渴，欲得饮，饮于/河、渭；河、渭不足，北饮/大泽。未至，道渴/而死。弃/其杖，化为/邓林。

（二）精卫填海

yuē jiū zhè
又北二百里，曰发鸠之山，其上多柘木[1]。有鸟焉，其状如
huì xiào
乌[2]，文首[3]、白喙[4]、赤足，名曰精卫，其鸣自詨[5]。是炎帝[6]
shào nì
之少女，名曰女娃。女娃游于东海，溺[7]而不返，故为精卫，常
xián yīn
衔[8]西山之木石，以堙[9]于东海。

（绘图：华文教育系教师　王琪阳）

词语解释

[1] 柘木：柘树。

[2] 乌：乌鸦。

［3］文首：头上有花纹。
［4］喙：鸟嘴。
［5］詨：大叫。
［6］炎帝：传说是一位上古时代的部落首领。
［7］溺：被水淹死。
［8］衔：用嘴来取东西。
［9］堙：填塞。

古文今译

再向北二百里，有一座发鸠山，长了很多柘树。这里有一种鸟，形状像乌鸦，头上有花纹，白嘴，红脚，叫声好像是在呼喊自己的名字。这是炎帝的小女儿，名叫女娃。有一次，女娃去东海游玩，溺水身亡，再也没有回来。后来（她的魂魄）变化成了一只精卫鸟，经常叼着西山上的树枝和石块，用来填塞东海。

作品赏析

《精卫填海》出自中国古代的《山海经》，是上古时期的一个神话故事。故事讲述了一个小女孩因为被东海淹死，其魂魄化为精卫鸟，不断地叼起石块或树枝投入大海，要向东海复仇。大海无边无际，一只小鸟怎么可能会把大海填平呢？但是，在古人的眼中，精卫却表现出了一种面对强敌能坚持反抗、执着努力的精神。

诵读指引

朗读这首作品时要像讲故事一样，整体上注意感情的起伏变化，注意适当的停顿和语气变化，做到有张有弛，读出敢于反抗、坚持不懈的感情。

神话二则

（二）精卫/填海

又/北二百里，曰/发鸠/之山，其上/多/柘木。有/鸟焉，其状/如乌，文首、白喙、赤足，名曰/精卫，其鸣/自詨。是/炎帝/之/少女，名曰/女娃。女娃/游于/东海，溺/而/不返，故为/精卫，常衔/西山/之/木石，以堙于/东海。

提高篇

诗经·无衣

T－1

páo
岂曰无衣？与子同袍[1]。

gē chóu
王[2]于[3]兴师[4]，修我戈矛[5]。与子同仇[6]！

zé
岂曰无衣？与子同泽[7]。

jǐ xié
王于兴师，修我矛[8]戟[9]。与子偕作[10]！

cháng
岂曰无衣？与子同裳[11]。

xíng
王于兴师，修我甲兵[12]。与子偕行[13]！

（绘图：2018级印度尼西亚学生 陈玲燕）

词语解释

［1］袍：长袍，相当于今天的斗篷。

［2］王：这里是指周天子。一说指秦国国君。

［3］于：语助词。

［4］兴师：起兵，发起战争。

［5］戈：古代的一种兵器，曲头，横刃，用青铜或铁制成，装有长柄。

［6］同仇：共同对抗敌人。

［7］泽：内衣，类似于今天的汗衫。

［8］矛：古代最常见的一种兵器，长柄，有刃，用来刺敌。

［9］戟：又作“棘”，是将戈和矛合为一体的一种古代兵器。

［10］作：起。

［11］裳：下衣，这里是指战裙。

［12］甲兵：铠甲和兵器。

［13］行：往。

古诗今译

怎能说没有衣裳穿？我愿与你穿同样的战袍。天子让我们出兵去交战，修整我的戈与矛，与你一起去杀敌！

怎能说没有衣裳穿？我愿与你穿同样的内衣。天子让我们出兵去交战，修整我的矛与戟，与你一起出发！

怎能说没有衣裳穿？我愿与你穿同样的战裙。天子让我们出兵去交战，修整我的铠甲与兵器，与你共同前进杀敌！

作品赏析

这首诗创作的具体年代已经无法考证，但据当今学者考证，秦襄公七年（周幽王十一年，公元前771年），周王室内部由于争权夺利而发生冲突，导致西方少数民族犬戎入侵，攻进西周国都镐（hào）京，周王朝土地大部分沦陷。当时的秦国位于今甘肃东部及陕西一带，正靠近京城，因此与周王室彼此祸福紧密关联，于是奋起反抗。这首诗可能就是在这一背景下产生。

这是一首战歌，全诗洋溢着一种慷慨激昂、团结一致、共同抗敌的情绪，表现了秦国军民高尚无私的品质和英雄气概，正是秦人爱国主义精神的写照。

秦地人民历来就有尚武精神，在国难当头时老百姓一呼百应，勇敢出征，诗歌歌颂了他们英勇无畏的精神。据历史记载，在2 500多年前，这首诗的确在秦国军队出征时起到过良好的鼓舞士气的作用。它就像一道强有力的动员令，鼓舞士兵勇往直前，一举击退了敌人。

全诗一共三章，每章以一个问答式的句子开头，一句“岂曰无衣”，充满了愤怒，一下子就激发起了士兵们心中的复仇愿望，于是他们同声响应：“与子同袍”“与子同泽”“与子同裳”。

此外，这首诗的语言非常生动，“修我戈矛”“修我矛戟”“修我甲兵”这三句将战士们磨刀擦枪、舞戈挥戟的热烈场面活灵活现地展现出来，一股强烈的战斗激情似乎要将读者吸纳到出征队伍中去，感染力极强。

经典名句

岂曰无衣？与子同袍。

诵读指引

《诗经·无衣》是一首激昂慷慨、共同杀敌的战歌，表现了秦国军民团结互助的高昂士气和乐观精神。全诗共三章，采用了重章叠唱的形式，在诵读时整体节奏要高昂，要注意通过适当的停顿和语势的起伏变化，表达出磨刀擦枪、奔赴前线、共同杀敌的英雄主义气概。

诗经·无衣

岂曰/无衣？（反问语气，“岂曰”重读）与子/同袍。（语气坚定，“同袍”重读）
王于/兴师，修我/戈矛。与子/同仇！（语气豪迈，“同仇”重读，表现英勇无畏的气概）
岂曰/无衣？（反问语气）与子/同泽。（语气坚定，“同泽”重读）
王于/兴师，修我/矛戟。与子/偕作！（语气豪迈，“偕作”重读，表现英勇无畏的气概）
岂曰/无衣？（反问语气）与子/同裳。（语气坚定，“同裳”重读）
王于/兴师，修我/甲兵。与子/偕行！（语气豪迈，“偕行”重读，表现英勇无畏的气概）

诗经·桃夭

yāo

T－2

zhuó

桃之夭夭[1]，灼灼[2]其华[3]。
之子[4]于归[5]，宜[6]其室家[7]。

fén

桃之夭夭，有蕡[8]其实。
之子于归，宜其家室。

zhēn

桃之夭夭，其叶蓁[9]蓁。
之子于归，宜其家人。

（绘图：2018 级印度尼西亚学生　陈子欣）

词语解释

［1］夭夭：形容花朵怒放、美丽而茂盛的样子。

［2］灼灼：花朵的色彩鲜艳得像火一样，形容花朵明亮鲜艳的样子。

［3］华：同“花”，指盛开的花朵。

［4］之子：这位姑娘。之，指示代词，这。子，这里指女子。

［5］于归：姑娘出嫁。中国古代把丈夫家看作女子的归宿，所以把姑娘出嫁叫作“归”。于，去，往。

［6］宜：和顺、亲善。

［7］室家：家庭。这里与下文的“家室”“家人”一样，都是指夫家。

［8］蕡：形容植物结很多果实的样子。这里是指桃子又大又多的样子。有蕡即蕡蕡。

［9］蓁：形容植物长得很繁密的样子。这里是形容桃叶茂盛。

古诗今译

桃花盛开千万朵，颜色鲜艳红似火。这位女子嫁过门，夫妻美满又和顺。

桃花盛开千万朵，硕果累累大又多。这位女子嫁过门，早生贵子后代旺。

桃花盛开千万朵，桃叶茂盛不凋落。这位女子嫁过门，齐心协力家和睦。

作品赏析

这是非常有名的一首祝贺新嫁娘的赞歌，对后世影响很大。据《周礼》记载，周代姑娘出嫁一般是在春光明媚、桃花盛开的时节，所以诗歌以桃花起兴，用鲜艳的桃花比喻姑娘的美丽，形象生动，喜气洋洋。后世也延续了这一民俗，据说辛亥革命以后，在某些地方的乡村还可以看到老百姓举行婚礼时唱《诗经・桃夭》。

诗歌运用了《诗经》中常见的重章复沓手法，分三章反复咏唱，中间只变换了几个字，却极其用心，从“花”到“实”，再到“叶”，利用桃树的三种变化，层层递进地表达了三种不同的意思。写花，是赞美新娘的美丽；写果实，是祝福她婚后多子多孙；写叶，则是以桃树枝叶的茂密成荫歌颂新娘旺家。通过对桃花自然生长次序的描绘对女子婚后每个阶段的生活寄予了不同内涵的祝福，让人感到女子婚后每个阶段的生活都美满幸福，这无疑是对一位新娘最美好的颂词！

经典名句

桃之夭夭，灼灼其华。之子于归，宜其室家。

诵读指引

《诗经·桃夭》是一首祝贺年轻姑娘出嫁的诗。全诗三章，以桃花喻美人，为新娘唱了一首赞歌。在诵读时整体节奏欢快，注意通过适当的停顿和语势的起伏变化，表达出和谐欢乐的感觉。

诗经·桃夭

桃之/夭夭，灼灼/其华。之子/于归，宜其/室家。
桃之/夭夭，有蕡/其实。之子/于归，宜其/家室。
桃之/夭夭，其叶/蓁蓁。之子/于归，宜其/家人。

爱莲说

T－3

（绘图：2018 级马来西亚学生　林学谨）

（宋）周敦(dūn)颐(yí)

水陆草木之花，可爱者甚蕃(fán)[1]。晋陶渊明[2]独[3]爱菊。自李唐来，世人甚爱牡丹。予独爱莲之出淤(yū)泥[4]而不染，濯(zhuó)[5]清涟(lián)[6]而不妖，中通外直，不蔓(màn)不枝[7]，香远益清，亭亭净植，可远观而不可亵(xiè)玩[8]焉。

予谓菊，花之隐逸者也；牡丹，花之富贵者也；莲，花之君子者也。噫[9]！菊之爱，陶后鲜(xiǎn)有闻[10]。莲之爱，同予者何人[11]？牡丹之爱，宜乎众矣[12]！

词语解释

[1] 蕃：多。
[2] 陶渊明：东晋诗人，隐士，喜欢菊花，常在诗歌中歌咏菊花。
[3] 独：只，仅仅。
[4] 淤泥：污泥。
[5] 濯：洗涤。
[6] 清涟：清水。
[7] 不蔓不枝：不生蔓，不长枝。
[8] 亵玩：玩弄。
[9] 噫：感叹词，相当于现在的“唉”。
[10] 鲜有闻：很少听说。
[11] 同予者何人：像我一样的还有什么人呢？
[12] 宜乎众矣：（爱牡丹的）应当有很多人吧。

古文今译

水上、陆上各种草木的花，有很多值得喜爱的。晋代陶渊明唯独喜爱菊花。唐朝以来，人们非常喜爱牡丹。我唯独喜爱莲花从淤泥中长出却不被污染，经过清水的洗涤却不妖艳；它的茎中间贯通又挺直而立，不生蔓也不长枝；香气越远越清香，亭亭玉立在水中。莲花可以远远地观赏，而不可轻易地玩弄。

我认为菊花是花中的隐士；牡丹是花中的富贵者；莲花则是花中的君子。唉！喜欢菊花的人，在陶渊明以后很少听到了。喜欢莲花的人，和我一样的还有谁呢？喜欢牡丹的人，应当有很多人吧！

作者简介

周敦颐

字、号：字茂叔，谥号元公，

世称濂溪先生

籍贯：道州营道（今湖南道县）

生卒年：1017—1073

身份：宋代哲学家、文学家

获荣誉称号：宋代儒家理学思想的开山鼻祖

代表作：《爱莲说》等

作品赏析

《爱莲说》写了三种花，分别是菊花、牡丹和莲花。文中写到晋代的隐士陶渊明喜欢菊花，一般人则喜欢牡丹多一些，而作者却只喜欢莲花。在文中，三种花是各有寓意的。牡丹花开的时候，富丽堂皇，象征着对世俗生活的向往；菊花在天气转凉的时节开放，象征着隐士高雅淡泊的生活；莲花，在淤泥中生长，却依然高洁，在清水中摇荡，也从来不显得妖娆，洁净而又独立。

作者认为自己喜欢的莲花才真正具有“君子”的品格：清白高洁、挺拔秀丽、既可敬又自尊。

经典名句

出淤泥而不染，濯清涟而不妖。

诵读指引

朗读这首作品时整体上注意感情饱满，第一段语气由平缓到稍微加快，读出对莲花品质高洁的赞美语气；第二段对三种花象征的不同性格进行了比较和品评，朗读时节奏鲜明，要依次读出比较、判断、感叹、反问的语气。

（绘图：2018 级马来西亚学生　黄宝恩）

陋室铭

T－4

（唐）刘禹锡

山不在高，有仙则名。水不在深，有龙则灵。斯是陋(lòu)室[1]，惟吾德馨(xīn)[2]。苔痕上阶绿，草色入帘青。谈笑有鸿儒[3]，往来无白丁[4]。可以调素琴[5]，阅金经[6]。无丝竹[7]之乱耳，无案牍(dú)[8]之劳形。南阳诸葛庐，西蜀子云亭。孔子云：何陋之有？

（绘图：2018级马来西亚学生　林学谨）

词语解释

［1］陋室：简陋的屋子。
［2］德馨：道德高尚。
［3］鸿儒：博学的人。
［4］白丁：没有学问的人。
［5］素琴：不加装饰的琴。
［6］金经：珍贵的经典。
［7］丝竹：奏乐的声音。
［8］案牍：（官府的）公文。

古文今译

山不在高，有了神仙就会出名。水不在深，有了龙就会有灵气。这是一间简陋的房子，只是因为住在房子里的人品德好（所以就不显得简陋了）。碧绿的苔痕在台阶上，青青的草色映入帘中。来这里谈笑的人都是博学的人，来来往往的也没有知识浅薄的人。平时可以弹奏素琴，阅读珍贵的经典。没有杂乱的音乐扰乱双耳，没有官府的公文让身体劳累。南阳有诸葛亮的草庐，西蜀有扬子云的亭子。孔子说："这有什么简陋呢？"

作者简介

刘禹锡

字、号：字梦得

籍贯：河南洛阳

生卒年：772—842

身份：唐代文学家、哲学家、政治家

获荣誉称号："诗豪"；与柳宗元并称"刘柳"；与韦应物、白居易合称"三杰"；与白居易合称"刘白"

代表作：词作《陋室铭》等；诗作《乌衣巷》《竹枝词》《柳枝词》等；《刘梦得文集》

作品赏析

铭是古代一种刻于金石上的韵文，常用来激励自己。作者一开始就写山水只要有神灵、仙龙就变得有名，同时提出自己的陋室也会因为有自己这样品德高尚的人而出名。接着作者写虽然是陋室，但是往来的客人都是有学问、有修养的人，谈论的话题就是高雅、深刻的。在优美的语言中展现出“惟吾德馨”的自信来。最后作者借用“南阳诸葛庐，西蜀子云亭”来对比自己的陋室，显示出自己和古人一样，是闲居淡泊，潜心修学，具有高尚的情操。借用孔子的话来赞美自己陋室一点也不简陋，起到点题的作用。

经典名句

山不在高，有仙则名。水不在深，有龙则灵。

诵读指引

诵读这首作品时整体上注意感情饱满，语气由平缓到稍微高昂，节奏由慢到快，读出对陋室的赞美和住在陋室的自信。

（绘图：2018 级马来西亚学生　孙红菱）

登 高[1]

T－5

（唐）杜甫

yuán xiào　zhǔ

风急天高猿啸哀[2]，渚[3]清沙白鸟飞回[4]。

xiāo xiāo　gǔn gǔn

无边落木[5]萧萧[6]下，不尽长江滚滚来。

万里悲秋[7]常作客[8]，百年[9]多病独登台。

fán shuāng bìn　liáo dǎo　zhuó

艰难[10]苦恨[11]繁霜鬓[12]，潦倒[13]新停[14]浊酒杯。

（绘图：2018 级印度尼西亚学生　谢承良）

词语解释

［1］登高：指农历九月初九的重阳节登高。

［2］啸哀：啼叫声很哀伤。

［3］渚：水中的小洲。

［4］回：回旋。

［5］落木：秋天的落叶。

［6］萧萧：草木飘落的声音。

［7］悲秋：文人常到了秋天就会有悲伤的情绪。

［8］常作客：长年漂泊、客居在异乡。此时杜甫暂住在夔州（今四川奉节）。

［9］百年：一生。

［10］艰难：指国家乱离和自己漂泊的生活。

［11］苦恨：极恨，极其遗憾。

［12］繁霜鬓：鬓边多了白发。

［13］潦倒：衰颓，失意。

［14］新停：刚刚停止。晚年的杜甫因肺病戒酒，所以说“新停”。

古诗今译

风急天高，猿声悲哀，江洲上水清沙白，鸟儿在空中盘旋。无边的落叶萧萧飘下，不尽的长江滚滚奔腾而来。我多年客居他乡，总是为秋天而悲伤，可一生多病的我今天还是独自上了高台。国家不幸，生活艰难，很遗憾自己的白发长满双鬓，穷困的我又因病刚刚戒了酒（而不能再饮）。

作者简介

杜 甫

字、号：字子美，自称少陵野老，世称杜少陵、杜工部

籍贯：河南巩县（今河南巩义）

生卒年：712—770

身份：曾任检校工部员外郎，唐代现实主义诗人

获荣誉称号：“诗圣”；与李白并称“李杜”；其诗作人称“诗史”

代表作：诗作《春望》《北征》等；“三吏”“三别”；《杜工部集》

作品赏析

这首诗写于767年的重阳节，时年55岁的杜甫登上夔州高处，望着长江边浓浓的秋色，不禁百感交集，悲从中来。诗歌前两联写景，都是在写诗人登高所见。第一联总览天地，两句内有六种夔州秋天的特点：风急、天高、猿声悲哀、水清、沙白、鸟儿盘旋，景象密集，很有感染力。第二联又突出重点，写无边无际的落叶萧萧而下，满目所见都是苍凉；不尽的长江滚滚而来，又将带来多少人世间的故事！这一时空下的他心胸已充盈着自然的浩大声势，他眼中的秋天萧瑟而悲凉、无情而又壮阔。在描写可以吞吐天地宇宙的景色的基础上，诗歌后两联转入个体的抒情，诗人感叹自己多年客居他乡，总是为秋天而难过，如今又像往年一样独自登高。国家动荡不安，个人生活都无比艰难，但他还是遗憾年华的逝去，自己不能有所作为，更让人难过的是今年再也不能像往年那样举杯浇愁了，因为他的身体已经不允许他再喝酒了。整首诗把秋天苍凉的天地景色和诗人对家国不幸的忧伤、如今老病穷愁的苦闷完美地融合在一起，震撼人心，催人泪下。

这首七言律诗中的四联都是工整的对句，而且第一联还形成句内自对，从形式上来说十分精美，加上诗歌情感上的沉郁苍凉，这首诗就被人推为“古今七言律第一”。

经典名句

无边落木萧萧下，不尽长江滚滚来。

诵读指引

《登高》这首七言律诗写秋天登高的所见所感，看到江边空旷寂寥的景致，抒发了穷困潦倒、年老多病、流寓他乡的悲哀之情。在诵读时整体节奏要慢，注意通过适当的停顿和语势的起伏变化，表达出哀愁之感。

登/高

风急/天高/猿啸哀，（语速由快至缓，语气沉重，“猿啸哀”重读，上行语势）

渚清/沙白/鸟飞回。（语速平缓，“鸟飞回”重读，下行语势）

无边/落木/萧萧下，（语速缓慢，“萧萧下”重读，上行语势）

不尽/长江/滚滚来。（语速由快到慢，“滚滚来”重读，上行语势）

万里/悲秋/常作客，（语速加快，“悲秋”重读，“常作客”声音延长，上行语势）

百年/多病/独登台。（语速由快到慢，“多病”重读，“独登台”声音延长，下行语势）

艰难/苦恨/繁霜鬓，（语速由快到慢，“苦恨”重读，“繁霜鬓”延长声音，字字读得缓慢而深沉，平行语势）

潦倒/新停/浊酒杯。（语速缓慢，“浊酒杯”延长声音，字字读得缓慢而沉重，下行语势）

蝶(dié)恋花[1]·春景

T-6

（宋）苏轼

花褪(tuì)[2]残红[3]青杏[4]小。燕子飞[5]时，绿水人家绕(rào)[6]。枝上柳绵[7]吹又少。天涯何处无芳草。

墙里秋千墙外道。墙外行人，墙里佳人笑。笑渐不闻声渐悄[8]。多情[9]却被[10]无情[11]恼。

（绘图：2018 级马来西亚学生　林学瑾）

词语解释

［1］蝶恋花：词牌名。又名“凤栖梧”“鹊踏枝”等。
［2］花褪：指杏花凋谢。褪，萎谢，凋谢。
［3］残红：指凋残的花，即落花。
［4］青杏：刚刚长出的青色小杏子。
［5］飞：一作“来”。
［6］绕：一作“晓”。
［7］柳绵：柳絮。
［8］渐悄：渐渐没有了声音。
［9］多情：这里是指行人过分多情。
［10］却被：反而被。
［11］无情：这里是指墙内荡秋千的佳人对行人毫无觉察。

古词今译

春天即将过去，百花凋零，杏树上已长出了青涩的小果实。燕子从天空飞过，清澈的河流围绕着村落人家。柳枝上的柳絮被吹得越来越少，但不用担心，到处都可以见到茂盛的芳草。

围墙里面，一位少女正在荡秋千。墙外的行人经过，听见了她那动听的笑声。慢慢地，笑声消散了。行人怅然若失，仿佛自己的多情被少女的无情伤害。

作者简介

苏　轼

字、号：字子瞻，号东坡居士

籍贯：眉州眉山（今四川眉山）

生卒年：1037—1101

身份：宋代文学家、书法家、画家

获荣誉称号：“唐宋八大家”之一；追赠太师，谥号“文忠”

代表作：诗作《赤壁赋》《题西林壁》等；词作《水调歌头·明月几时有》《念奴娇·赤壁怀古》等

作品赏析

这是苏轼的一首伤春之作，上片写春光易逝带来的伤感，下片写自己偶遇佳人却无缘相会，多情遭遇无情的悲哀。

苏轼是宋代词坛豪放派的开创者，但他不仅擅长写豪放词，同时婉约词也写得非常好，这首词就是代表。上片描写了一组暮春景色，但并不是单纯写景，而是景中有情，借衰败和萧索之景反映作者因仕途失意又远离家人而感到的孤独与惆怅，同时表达了作者的惜春之情及对美好事物的追求。下片写人，却是一位“无情”的佳人，其淡漠让行人更加惆怅。

作者将自己的身世之感注入词中，真实地反映了自己的一段心理历程，构思新颖，意境朦胧，韵味无穷。

经典名句

枝上柳绵吹又少。天涯何处无芳草。

多情却被无情恼。

诵读指引

《蝶恋花·春景》是一首描写春景的词，表现了词人对春光流逝的叹息，以及自己不为人知的情感烦恼。在诵读时整体节奏要慢，注意通过适当的停顿和语势的起伏变化，表达出哀怨和伤感之情。

蝶恋花·春景

花褪/残红/青杏小。（语速缓慢，“残红”重读，“青杏小”延长声音，下行语势）

燕子/飞时，（语速加快，“燕子”重读，上行语势）

绿水/人家绕。（语速变缓，“人家绕”重读，下行语势）

枝上/柳绵/吹又少。（语速缓慢，“吹又少”轻读，延长声音，平行语势）

天涯/何处/无芳草。（语速由快变慢，“无芳草”轻读，延长声音，下行语势）

墙里/秋千/墙外道。（语速平缓，两个“墙”重读，下行语势）

墙外/行人，（语速加快，“行人”重读，上行语势）

墙里/佳人笑。（语速变缓，“佳人笑”重读，下行语势）

笑渐不闻/声渐悄。（语速由快变慢，“声渐悄”轻读，延长声音，下行语势）

多情/却被/无情恼。（语速由快到慢，“却被”重读，“无情恼”延长声音，字字读得缓慢而深沉，平行语势）

（绘图：2018 级华侨学生　刘晴）

虞(yú)美人[1]·春花秋月何时了

T－7

（南唐）李煜(yù)

春花秋月[2]何时了(liǎo)[3]，往事知多少？小楼昨夜又东风，故国[4]不堪(kān)[5]回首[6]月明中！

雕(diāo)栏玉砌(qì)[7]应犹[8]在，只是朱颜改[9]。问君[10]能有几多愁？恰似[11]一江春水[12]向东流。

（绘图：2018 级印度尼西亚学生　陈玲燕）

词语解释

［1］虞美人：词牌名。原为唐代教坊曲，最初的内容是歌咏项羽的宠姬虞美人死后地下开出一朵鲜花，因而得名。又名“一江春水”“玉壶水”“巫山十二峰”等。

［2］春花秋月：春花开，秋月圆。这里用来比喻人间最美好的时节。

［3］了：了结，结束。

［4］故国：这里是指已经被宋朝所灭的南唐。

［5］堪：受得了。

［6］回首：回想，回忆。

［7］雕栏玉砌：这里是指远在金陵（今南京）的南唐故宫。雕栏，精雕细刻的栏杆。砌，台阶。

［8］应犹：应该还。

［9］朱颜改：这里是指人已衰老，容颜憔悴。朱颜，红润美好的容颜。

［10］君：作者自称。

［11］恰似：正如，正像。

［12］春水：春天的江水。

古词今译

春花秋月什么时候才能了结，往事知道有多少？小楼上昨夜又吹来了春天的东风，在这皓月当空的夜晚，怎能忍受得了回忆故国的伤痛！

那精雕细刻的栏杆和玉石砌成的台阶应该都还在，只是红颜不再。要问我心中有多少哀愁？正像那不尽的春江之水滚滚东流。

作者简介

李　煜

字、号：初名从嘉，字重光，

号钟隐、莲峰居士

籍贯：徐州彭城（今江苏徐州）

生卒年：937—978

身份：南唐末代国君

获荣誉称号：词的成就最高，被称为“千古词帝”

代表作：《虞美人》《浪淘沙》《乌夜啼》等

作品赏析

相传这是李煜的绝命词，作于他被毒死之前。北宋太宗太平兴国三年（978）七月七日，正好是李煜的生日，亡国归宋快三年的李煜写下这首词，交给身边的歌妓唱。宋太宗听到之后大怒，赐药酒将他毒死。

这首词起句就不同凡响——“春花秋月何时了”，春天花开，中秋月圆，这本是人世间最美好的时节，可是词人却希望它早早完结，作为一个亡国之君，李煜生怕春花秋月勾起他对往事的回忆而伤怀。可是偏偏“小楼昨夜又东风”，让他不得不忍受在月下回顾往事、思念故国的痛苦。想到那“雕栏玉砌”的宫殿应该还在，可是宫中主人不再是自己，当年那些宫女也已容颜憔悴，李煜心中的无限悔恨可想而知。最后，李煜将自己的故国之思所引发的亡国之痛用一个形象生动的比喻凝练成了千古绝唱——“问君能有几多愁？恰似一江春水向东流”。若问我满腹的哀愁有多少，就像那滚滚东去的满江春水！这一比喻非常贴切，不仅从空间上显示了哀愁之多，还从时间上显示了哀愁之无穷无尽，淋漓尽致地表达了李煜波涛汹涌般的内心苦痛。这首词的境界阔大雄伟，流传千古，令后世读者产生广泛共鸣。

经典名句

问君能有几多愁？恰似一江春水向东流。

诵读指引

《虞美人·春花秋月何时了》相传是李煜在被毒死前夕所作的词，是一曲生命的哀歌，抒发了亡国后感到生命落空的悲哀。在诵读时整体节奏要慢，注意通过适当的停顿和语势的起伏变化，通过问天、问人，到自问，读出无限的凄楚和哀愁的感觉。

虞美人·春花秋月何时了

春花/秋月/何时了，（语速缓慢，“何时了”重读，上行语势，疑问语气）

往事/知/多少？（语速缓慢，“知”重读，“多少”轻读，延长声音，平行语势）

小楼昨夜/又/东风，（语速加快，“又”“东风”重读，平行语势）

故国/不堪/回首/月明中！（语速由快到慢，“不堪”“月明中”重读，“月明中”延长声音，字字读得缓慢而深沉，下行语势）

雕栏/玉砌/应犹在，（语速缓慢，“应犹在”重读，平行语势）

只是/朱颜/改。（语速缓慢，“朱颜”轻读，“改”延长声音，平行语势）

问君/能有/几多愁？（语速加快，“几多愁”重读，上行语势）

恰似/一江春水/向东流。（语速由快到慢，“恰似”重读，“向东流”延长声音，字字读得缓慢而沉重，平行语势）

鹊桥仙[1]·纤云弄巧

T－8

（宋）秦观

纤（xiān）云[2]弄巧[3]，飞星[4]传恨，银汉[5]迢迢（tiáo tiáo）[6]暗度[7]。金风玉露[8]一相逢，便胜却人间无数。

柔情似水，佳期如梦，忍顾[9]鹊桥归路。两情若是久长时，又岂在朝朝暮暮[10]。

（绘图：2018级马来西亚学生　黄宝恩）

词语解释

[1] 鹊桥仙：词牌名，此调专门歌咏牛郎织女七夕相会的故事。又名“鹊桥仙令”“忆人人”“金风玉露相逢曲”“广寒秋”等。

［2］纤云：轻盈的云彩。
［3］弄巧：形容云彩在天空中幻化成各种奇巧的样子。
［4］飞星：流星。一说指牵牛星和织女星。
［5］银汉：银河。
［6］迢迢：形容遥远的样子。
［7］暗度：悄悄渡过。
［8］金风玉露：指秋风和白露。
［9］忍顾：怎么忍心回头看。顾，回头看。
［10］朝朝暮暮：指朝夕相聚。

古词今译

纤薄的云彩在天空中变幻多端，流星传递着牛郎和织女相思的愁怨，悄悄渡过遥远无垠的银河。每年只在秋风白露的七夕相会，胜过尘世间那些虽日日相守却不懂珍惜的夫妻。

缠绵的柔情像天河绵绵不绝的流水，短暂的欢会如梦如幻，分别之时不忍回头去看那鹊桥路。只要我们的感情能够至死不渝，又何必贪求恩恩爱爱的日夜厮守呢？

作者简介

秦　观

字、号：字少游，又字太虚，
世称淮海居士

籍贯：高邮（今江苏高邮）

生卒年：1049—1100

身份：官至太学博士、国史馆编修，北宋文学家、词人

获荣誉称号：北宋后期婉约派一代词宗；“苏门四学士”之一

代表作：《鹊桥仙·纤云弄巧》

作品赏析

牛郎织女的故事是历代文人笔下的创作热点，这一题材的文学作品情调通常是悲哀的，无非咏叹“欢娱苦短”，而秦观这首《鹊桥仙·纤云弄巧》却别出心裁，立意高远，作者写牛郎织女悲欢离合的故事，目的在于歌颂坚贞诚挚的爱情。尤其是结尾高度凝练的那句——“两情若是久长时，又岂在朝朝暮暮”境界极高，极大地提升了作品的审美价值和艺术品位，使之成为流传千古的名言佳句。它揭示了千古爱情的真谛：那种经得起长久分离考验的爱情，比执着于朝夕相伴可贵得多。这种恋爱观和精神境界，显然远远超过了古代同类作品，实在是难能可贵。

此外，全词将写景、抒情和议论完美地融合在一起，赋予传统神话故事以浓郁的人情味，表面上是写天上神仙，实际上是写人间情感，婉约蕴藉，余味无穷。

经典名句

两情若是久长时，又岂在朝朝暮暮。

诵读指引

《鹊桥仙·纤云弄巧》是一首歌咏七夕的节序词，借牛郎织女悲欢离合的神话故事，讴歌了真挚、细腻、纯洁、坚贞的爱情。在诵读时整体节奏要慢，注意通过适当的停顿和语势的起伏变化，随文分别表达出分别时的哀伤、相逢时的快乐与柔情、爱情观的坚定等情绪。

鹊桥仙·纤云弄巧

纤云/弄巧，飞星/传恨，（语速缓慢，“传恨”重读，下行语势）

银汉/迢迢/暗度。（语速缓慢，“迢迢”轻读，延长声音，“暗度”重读，平行语势）

金风/玉露/一相逢，（语速加快，“一相逢”重读，上行语势）

便/胜却/人间/无数。（语速由快到慢，“胜却”重读，“无数”延长声音，字字读得缓而深沉，平行语势）

柔情/似水，佳期/如梦，（语速加快，“柔情”“佳期”轻读，声音延长，上行语势）

忍顾/鹊桥/归路。（语速缓慢，“忍顾”重读，“归路”轻读，延长声音，平行语势）

两情/若是/久长时，（语速加快，“久长时”重读，上行语势）

又/岂在/朝朝/暮暮。（语速由快到慢，“又”轻读，“岂在”重读，“朝朝暮暮”延长声音，字字读得缓而深沉，平行语势）

《孟子》选读

T-9

（战国）孟子

生于忧患，死于安乐

（绘图：2018 级印度尼西亚学生　黄碧素）

舜(shùn)发[1]于畎(quǎn)亩[2]之中，傅说(fù yuè)举[3]于版筑[4]之间，胶鬲(gé)举于鱼盐之中，管夷吾举于士[5]，孙叔敖举于海，百里奚举于市。故天将降大任于是人也，必先苦其心志，劳其筋骨，饿其体肤，空乏(kòng)[6]其身，行拂(fú)[7]乱其所为，所以动心忍性，曾(zēng)益[8]其所不能。

人恒过[9]，然后能改；困于心，衡于虑[10]，而后作；征[11]于色，发于声，而后喻。入则无法家[12]拂(bì)士[13]，出则无敌国外患者，国恒亡，然后知生于忧患，而死于安乐也。

词语解释

［1］发：起，指被任用。
［2］畎亩：田间。
［3］举：被选拔出来。
［4］版筑：筑墙。
［5］举于士：从狱中被释放出来并且任用。
［6］空乏：穷困缺乏。这里是动词，意思是使他受贫困之苦。
［7］拂：违反，阻挠。
［8］曾益：增加。
［9］恒过：经常犯错误。
［10］衡于虑：思虑阻塞。
［11］征：征验，表现。
［12］法家：有法度的大臣。
［13］拂士：辅佐君王的贤士。拂，同“弼”，辅佐。

古文今译

（在成为名人建功立业之前）舜是在田地里干活时被举荐任用的；傅说是在筑墙干活时被举荐任用的；胶鬲是在买卖鱼盐时被举荐任用的；管夷吾是在监狱中被释放后举荐任用的；孙叔敖是在隐居海边时被举荐任用的；百里奚是在市井中被买来后举荐任用的。所以上天要给一个人身上降临大任，必须首先让他的思想意志痛苦，劳乏他的筋骨，让他经受饥饿，身受穷困，做事情也不顺利，这是上天让他内心保持警惕，让他的性格坚强，从而增加他所缺少的能力。

人常犯错误，然后才能改正；内心困顿、思想阻塞（之后才会有想法），最终才能有所作为；人的想法只有从脸上显露出来、从声音表现出来之后，才会让别人知道和了解。一个国家，如果国内没有坚守法度的大臣和辅佐君王的贤士，国外也没有敌人和外患，那么，这个国家常常会因此灭亡。所以，（我们）就会明白（这个道理）：忧患会让人或者国家生存下去，而安乐会让人或者国家衰亡。

作者简介

孟　子

字、号：名轲

籍贯：战国中期鲁国邹（今山东邹城东南部）

生卒年：约前 372—前 289

身份：战国思想家、政治家、教育家，孔子学说的继承者，儒家的重要代表人物

获荣誉称号：被称为“亚圣”；和孔子合称为“孔孟”

代表作：《孟子》

作品赏析

《生于忧患，死于安乐》是一篇论证严密、雄辩有力的议论文。文中先用六位经历过贫困、挫折的磨砺而最终能够担当大任的历史名人事例，证明了忧患和磨难能够激发斗志，让人努力奋起。接着，第二段从个人和国家两个角度来论述忧患则生、安乐则亡的道理。最后得到结论：生于忧患，死于安乐。

文章用了举例子和讲道理的议论方法，说服力强；文中有很多排比和对仗的句子，错落有致，读起来铿锵有力，一气呵成，具有雄辩的气势。

假如在中华文化经典中选一段文字来让我们在困境和挫折中安慰和鼓励自己努力向上，那么肯定就是这一段文字了。

经典名句

故天将降大任于是人也，必先苦其心志，劳其筋骨，饿其体肤，空乏其身，行拂乱其所为，所以动心忍性，曾益其所不能。

生于忧患，而死于安乐也。

诵读指引

诵读这首作品时整体上注意感情饱满，第一段，开头列举六位名人事例，诵读时语气比较平缓，后面总结出磨难能够激发斗志的那段名言，则语速由慢到快，语气铿锵有力，读出十分坚定的感觉。第二段是讲道理，得出结论，诵读时语气平缓坚定，表现雄辩的气势。

《老子》选读

T－10

（春秋）老子

《道德经》第一章

道可道，非常道；名可名，非常名。

无，名天地之始；有，名万物之母。

故常无，欲以观其妙；常有，欲以观其徼(jiào)[1]。

此两者，同出而异名，同谓之玄。玄之又玄，众妙之门。

（绘图：2018 级老挝学生　宋美珠）

词语解释

［1］微：边际、边界。引申为端倪的意思。

古文今译

可以用语言表达的道，就不是常道；可以说得出来的名，就不是常名。无，是形成天地的开始；有，是产生万物的根源。所以，（我们应该）常从无中，去观看道的奥妙；常从有中，去观看道的端倪。无和有这两者，同一来源而不同名称，都可说是很幽深的。幽深又幽深，是一切奥妙的大门。①

作者简介

老　子

字、号：姓李名耳，字聃，一字伯阳，或曰谥伯阳

籍贯：春秋楚国苦县（今河南鹿邑东）

生卒年：约前571—前471

身份：中国古代思想家、哲学家、文学家和史学家，道家学派创始人和主要代表人物

获荣誉称号：在道教中被尊为始祖，称“太上老君”；与庄子并称“老庄”

代表作：《道德经》

① 参考陈鼓应先生译文。

作品赏析

《道德经》的第一章讲的是与“道”有关的一些问题。道和名，有和无，这些关系构成了《道德经》哲学的基础。天地之间的道、名是不能轻易用语言表述出来的。道最初的表现是一种无，关注无的状态，就可以知道道的奥秘；道产生万物，表现为有，而从有这种状态，就可以看到道最初的体现。这是非常玄妙的哲学思想。

经典名句

道可道，非常道；名可名，非常名。

诵读指引

朗读这首作品时整体上注意客观、冷静，注意适当停顿和语气的起伏变化。

《老子》选读

《道德经》第一章

道/可道，非/常道；名/可名，非/常名。
无，名/天地之始；有，名/万物之母。
故/常无，欲以/观其妙；常有，欲以/观其徼。
此/两者，同出/而/异名，同/谓之玄。玄之/又玄，众妙/之门。

（绘图：2018 级老挝学生　宋美珠）

MPR 出版物链码使用说明

本书中凡文字下方带有链码图标“══”的地方，均可通过“泛媒关联”App 的扫码功能或“泛媒阅读”App 的“扫一扫”功能，获得对应的多媒体内容。

您可以通过扫描下方的二维码下载“泛媒关联”App、“泛媒阅读”App。

“泛媒关联”App 链码扫描操作步骤：

1. 打开“泛媒关联”App；
2. 将扫码框对准书中的链码扫描，即可播放多媒体内容。

“泛媒阅读”App 链码扫描操作步骤：

1. 打开“泛媒阅读”App；
2. 打开“扫一扫”功能；
3. 扫描书中的链码，即可播放多媒体内容。

扫码体验：

十二生肖歌　　问刘十九